A

SARAH BERNHARDT

CE DRAME EST

TRÈS RESPECTUEUSEMENT

ET

TRÈS AFFECTUEUSEMENT

DÉDIÉ

J. R.

JEAN RICHEPIN

LA GLU

DRAME

EN CINQ ACTES ET SIX TABLEAUX

Représenté pour la première fois sur le théâtre de l'Ambigu
le samedi 27 janvier 1883

ÉDITION CONFORME AU MANUSCRIT ORIGINAL
AVEC UNE PRÉFACE

PARIS
MAURICE DREYFOUS, ÉDITEUR
13, RUE DU FAUBOURG-MONTMARTRE, 13

1883

PRÉFACE

Il y avait une fois, à Bagdad, un brave homme et sa commère qui mettaient toute leur gloire à faire des enfants, sans y entendre autrement malice, sinon qu'ils croyaient en cela remplir leur devoir, et qu'ils trouvaient la besogne des plus agréables.

Leurs enfants, d'ailleurs, étaient de belle venue, rétus et gaillards, quelque peu turbulents, il est vrai, mais néanmoins aimés du voisinage. Il faut bien que jeunesse se passe, et enfance surtout ; et l'on ne saurait en vouloir aux marmots de galopiner, démolir, casser, crier, tirer la queue des chiens, barbotter dans les ruisseaux, éclabousser les passants, se barbouiller les badigoinces, cracher au nez des gens et pisser contre le ciel. Cela n'est point indice de mauvaise nature, mais bien de sang jeune et fort, tel qu'il doit fleurir aux joues des goussepains en roses de pourpre épanouies.

Et donc notre brave homme et sa commère en avaient déjà mis au monde une demi-douzaine, qui menaient un joyeux vacarme dans leur maison et assez loin par les rues.

Advint qu'ils en eurent un nouveau, lequel, à peine né, fit encore plus de bruit que les autres. Car sa mère en accoucha devant la foule assemblée, sur une place publique, où il se prit aussitôt à pousser des cris de mélusine et à grouiller avec des gestes de sauvage, jouant du gosier comme d'une trompette, agitant ses bras et ses jambes ni plus ni moins que des ailes de moulin à vent, et montrant tout à trac sa nudité en plein soleil.

La foule ne trouva pas cela inconvenant, ni trop laid à contempler. D'aucuns, même, et en nombre, se réjouissaient fort de voir ce petit patarin si large d'épaules, si vigoureux de poumons, qui respirait la santé, pétait d'aise, et avait déjà du poil dans la raie du dos. Et des amis inconnus venaient serrer la main de la commère, lui disant :

— En voilà un qui n'a pas envie de mourir.

— Vous vous y entendez pour les bâtir solides.

— Celui-là aussi aura de la graine à revendre.

— Vous vous êtes repris à plusieurs fois, pour le faire si beau !

— N'en perdez pas le moule, au moins !

Et autres menues plaisanteries, non pour se gausser d'elle, la pauvre, mais pour la féliciter et la ragaillardir, à la façon des gens du peuple qui parlent à la bonne franquette et ne trouvent point d'indécence aux choses de nature.

Pensez si le brave homme de père se rengorgeait et prenait sa part des compliments ! Il remerciait ces amis inconnus, et sentait de doux chatouillements d'orgueil devant tout ce monde qui admirait sa progéniture.

Soudain, perçant la foule, trois ou quatre vieillards s'approchèrent, en faisant une vilaine moue et levant les bras au ciel. Ils avaient l'air scandalisé, la mine aigre; ils poussaient de petits cris furieux; et leur nez, chaussé de lunettes, reniflait bruyamment comme s'ils eussent flairé une ordure.

— Pouah! dit l'un, c'est cela que vous appelez un bel enfant? Mais il est épouvantable à voir.

— C'est vous qui êtes son père? dit l'autre. Mais il ne vous ressemble pas.

— Il n'est pas né viable, fit le troisième.

— On n'accouche pas dans la rue, s'écria le dernier. C'est obscène.

Et, comme la foule s'écartait devant eux avec respect, à cause qu'ils portaient des robes sacerdotales et des turbans de mamamouchis, ils reprirent, déblatérant à qui mieux mieux sur un ton de fausset suraigu :

— Il a trop de sang.

— Il n'a pas la peau assez blanche.

— On ne braille pas de la sorte!

— A-t-on jamais vu gigotter ainsi?

— Il a des convulsions.

— Il agonise.

— On dirait qu'il veut étrangler quelqu'un.

— Il a des gestes lascifs.

— On n'a pas tant de poil que ça!

Puis, tous en chœur, ils prononcèrent magistralement cette sentence définitive:

— D'ailleurs, c'est un monstre. Regardez plutôt!

Et, ce disant, ils désignaient du doigt, avec une horreur qui ressemblait à de l'envie, la partie de son corps par où l'on voyait si bien qu'il était un mâle.

Le brave homme de père était indigné.

— C'est trop fort, s'écriait-il. Comment! ça, ça, une difformité!

Et, sans prendre garde à la dignité des vieillards, à leur turban qui imposait silence à la foule, il allait se ruer sur eux, leur sauter à la gorge, leur casser leurs lunettes sur le nez, leur montrer enfin ce que vaut un poing d'homme au bout d'un bras robuste; il allait... quand la commère le retint par la main et lui dit:

— Ne vous fâchez pas, mon ami, et gardez votre humeur batailleuse pour vous colleter avec vos pairs.

— Eh! que m'importe, fit-il, que ces coquins soient ou non mes supérieurs!

— Ils ne sont point vos supérieurs, reprit-elle. Bien loin de là! Ils ne sont pas même vos égaux.

— Que veux-tu dire!

— Considérez, mon ami, considérez attentivement qui sont ces personnages. Ne prenez garde ni à la robe, ni au turban. Considérez attentivement, vous dis-je, et sans colère. Ne voyez-vous pas qu ils ont l'air de très vieilles femmes, avec leur lippe pendante, leurs bajoues ridées, leur col peaussu et sans muscles, et leur pauvre menton glabre poli comme un œuf à tricoter? Demandez-leur de ma part, je vous prie, s'ils ont des enfants.

— Taisez-vous, femme impudique, interrompit le plus méchant des quatre. Taisez-vous! Ne parlez pas de choses immondes. Vous savez bien que nous n'avons pas d'enfants, puisque nous sommes les chefs des Eunuques.

La commère sourit doucement, embrassa son petit qui fermait les yeux de plaisir; puis, avec un regard de profonde pitié pour les tristes vieillards, elle dit à son brave homme:

— Vous voyez bien, mon ami, qu'il ne faut pas leur en vouloir. Plaignons-les seulement. Et laissons-les clabauder à leur aise! Cela n'empêchera pas le monde de continuer à vivre et à aimer. Pauvres gens ! Que si leurs mauvaises paroles vous ont fait de la peine et vous ont irrité contre eux, mon ami, vous avez une consolation et une vengeance toutes prêtes. Nous allons rentrer chez nous, riguédi guédi, riguédi guédou ; et, dans quelque temps, quand je serai remise de mes fatigues, vous me ferez encore un enfant, vous qui pouvez en faire !

JEAN RICHEPIN.

LA GLU

PERSONNAGES

LA GLU	MMes Réjane.
MARIE-DES-ANGES	Agar.
NAIK	Ch. Raynard.
MARIETTE	Bévalet.
MADELON	P. Moreau.
YVONNE	Dolly.
MARIE-PIERRE	MM. Decori.
Le docteur **CÉZAMBRE**	Lacressonnière.
GILLIOURY	E. Petit.
Le comte de **KERNAN**	G. Richard.
ADELPHE	Herbert.
Le chevalier d'**AMBLEZEUILLE**	Fournier.
FRANÇOIS	Maxnère.

Paludiers, Pêcheurs, Sardinières.

La scène se passe dans la presqu'île du Croisic, de nos jours.

N. B. — Pour les droits de représentation en province et à l'étranger, s'adresser à M. A. Roger, agent de la Société des auteurs dramatiques.

Pour la mise en scène détaillée, de tous points conforme aux indications de l'auteur, s'adresser à M. Abel Ballet, régisseur général de l'Ambigu.

LA GLU

ACTE PREMIER

PREMIER TABLEAU

SCÈNE PREMIÈRE

Le salon du comte de Kernan, à Guérande. Au fond une porte et une fenêtre. A droite large cheminée avec feu flambant. Devant le feu, un fauteuil dans lequel est assis le docteur Cézambre. A gauche, une table de jeu sur laquelle le comte et le chevalier font une partie de jacquet.

Le comte DE KERNAN, le chevalier D'AMBLEZEUILLE, le docteur CÉZAMBRE.

D'AMBLEZEUILLE, agitant le cornet et jetant les dés.

Cinq.... et trois! Voyons, voyons! (Il manœuvre ses pions.) Cinq, là! Cinq, voyons. Et trois. Trois, ici... Ici? Eh! eh! Non, pardon. (Il remet ses pions en place et réfléchit.)

KERNAN, se retournant vers le docteur qui tisonne.

Eh bien! docteur, vous n'êtes pas gai ce soir.

CÉZAMBRE.

Non. Vous savez, c'est toujours comme ça, quand je viens de soigner un enfant. Je pense aux bébés, à la famille. Cela doit être si bon, d'avoir un bon ménage, des moutards, un nid d'êtres aimés et qui vous aiment. (Avec un geste désespéré.) Ah!!!

D'AMBLEZEUILLE.

Un nid à tracas, voilà tout. N'est-ce pas, Kernan?

KERNAN.

Place donc tes pions. Cela vaudra mieux que de dire des sottises.

D'AMBLEZEUILLE.

Je les place, je les place. Là, là, trois. Ça va bien... Et cinq, voyons, cinq. Ah! non, pardon. (Il fait mine de toucher encore à son jeu.)

KERNAN.

As-tu fini, sarpejeu? Décide-toi.

D'AMBLEZEUILLE, changeant de nouveau un pion.

Et cinq! Là, cinq, parfaitement.

KERNAN.

Comment, parfaitement. Mais tu comptes six, dis donc, et non pas cinq. (Il prend le pion de d'Amblezeuille, et en frappe les six cases en comptant.) Là, un, deux, trois, quatre, cinq, et six. Et six! Tu triches, d'Amblezeuille.

D'AMBLEZEUILLE.

Du tout, du tout. J'étais ici.

KERNAN.

Tu étais là.

D'AMBLEZEUILLE.

Par exemple!

KERNAN.

Ah ! c'est trop fort.

D'AMBLEZEUILLE et KERNAN, tous deux à la fois.

Docteur, venez plutôt voir.

CÉZAMBRE, sans même se retourner.

Vous avez tort tous les deux.

KERNAN et D'AMBLEZEUILLE,

Mais venez voir.

CÉZAMBRE.

Inutile. Je vous renvoie dos à dos. Vous ne pouvez rester cinq minutes sans vous chamailler.

D'AMBLEZEUILLE.

Mais c'est qu'aussi ce Kernan vous a un caractère !

KERNAN.

Et toi donc ! Tu n'es jamais de mon avis.

D'AMBLEZEUILLE.

Ni toi du mien. Çà, c'est un fait.

KERNAN.

Ah ! puis, après tout, mets toi ici ou là, cela m'est bien égal. Ce n'est pas pour une case de plus...

D'AMBLEZEUILLE.

Mais pardon ! Je ne veux pas que tu me fasse des concessions. Je me mets là parce que c'est mon droit. Tu n'as qu'à regarder le jeu, au lieu de rêvasser.

KERNAN.

Je rêvasse, moi ? (Il joue.) Tous les cinq ! Ah ! ah ! tous... les... cinq !.... C'est étonnant comme je rêvasse !

D'AMBLEZEUILLE.

Oui, oui, je m'entends. Suffit ! Ne fais pas l'étonné. Je sais à quoi tu penses. Je sais où tu vas, vieux coureur, sous prétexte d'aller chasser la mouette. Deux et trois! Ah! sarpejeu!... la mouette, la mouette! Ce n'est pas la mouette: c'est la tourterelle. Roucou, roucou! A ton âge!

KERNAN.

Quoi? Que veux-tu dire? Encore des taquineries! (Il s'arrête de jouer, le cornet en l'air.)

D'AMBLEZEUILLE.

Bon, bon. Je m'entends, te dis-je. Je t'ai vu, vieux roquentin. Je t'y ai vu entrer, au châlet de la baie des Bonnes-Femmes. Une petite Parisienne, eh! eh! Peste! il te faut du gibier de passage, à toi! Jolie créature, d'ailleurs. Une vraie poupée! Mes compliments! Joue donc.

CÉZAMBRE, se retournant.

Qu'est-ce que c'est que cette petite parisienne?

KERNAN.

Oh! rien du tout! d'Amblezeuille fait là des histoires! C'est une parisienne, en effet, qui est dans les environs depuis tantôt quinze jours. Je l'ai rencontrée en chassant. Nous avons causé. Je lui ai rendu visite. Elle est charmante. Voilà tout. Quatre et as! Parfait! Je prends le coin. Te voilà *Jan* qui ne peut. J'ai gagné, changeons de place.

D'AMBLEZEUILLE, en changeant.

Jan qui ne peut! Comme toi au châlet.

KERNAN.

Qu'en sais-tu?

D'AMBLEZEUILLE.

Je m'en doute. A ton âge! Un ancêtre! Tu devrais être honteux de courir encore le guilledou. N'est-ce pas, docteur?

CÉZAMBRE.

Bah! vous exagérez, d'Amblezeuille, vous exagérez. Kernan n'est pas...

KERNAN, piqué.

Mais si, mais si. Et puis après, quoi ! Eh bien ! oui, j'aime le cotillon. Et à mon âge. Et je n'en suis pas honteux, ma foi ! Tous les six !... Non je n'en suis pas honteux. Au contraire. Cela prouve que je n'ai pas encore pris mes invalides, comme certains que je connais... Joue donc, chevalier !

D'AMBLEZEUILLE, brandissant le cornet.

Alors, quand on est aussi vert galant que tu veux bien le dire, on ne se pose pas en mentor et en rabat-joie avec son petit neveu, comme tu fais... Tous les six ! je ne peux pas jouer.

KERNAN.

Deux et cinq ! Encore un *jan* de bouché.

D'AMBLEZEUILLE.

Pardon ! Deux et quatre.

KERNAN.

Deux et cinq. Décidément, tu veux tricher aujourd'hui. Ah ! tiens, non, assez. J'aime mieux que la partie en reste là. (Il brouille les pions et se lève en fermant violemment le jacquet.) C'est vrai ! Je suis exaspéré, à la fin. Oh ! pas pour ce deux et cinq, parbleu ! Mais de ces chicanes perpétuelles, à propos de tout.

CÉZAMBRE.

Voyons, voyons.

KERNAN.

Dame ! Tantôt c'est une chose, puis c'est une autre. Maintenant voilà qu'il remet Adelphe sur le tapis. Il m'a déjà tarabusté toute l'après-midi, avec Adelphe. Que diable ! cependant ! C'est mon petit neveu, il porte mon nom, il sera mon héritier ; je connais bien mes devoirs envers lui et mes droits sur lui.

D'AMBLEZEUILLE.

Tu ne les connais pas, sarpejeu ! Je suis pour ce que j'ai

dit. Tu as eu tort d'agir de la sorte. Ce n'est pas d'un gentilhomme, ni une chose à faire à un gentilhomme. N'est-ce pas, docteur?

KERNAN.

Oui, tenez, je vous prends pour juge, docteur.

CÉZAMBRE, riant.

Vous avez tort tous les deux.

KERNAN.

Eh! morbleu! non, je n'ai pas tort. J'ai bien fait de lui couper les vivres.

D'AMBLEZEUILLE.

Ta, ta, ta. On ne laisse pas un de Kernan sur le pavé, où il peut choir dans la crotte.

KERNAN.

Mais c'est justement pour l'empêcher d'y choir que je l'ai réduit à la portion congrue et que je l'ai rappelé. Je ne veux pas qu'il me déshonore, ce monsieur.

CÉZAMBRE.

Vous déshonorer? Que dites-vous là?

D'AMBLEZEUILLE.

Mais vous l'écoutez! Peuh! les grands mots! Pour quelques billets de mille, quelques folies, je vous demande un peu.

KERNAN, très triste.

Eh! oui, me déshonorer! Je dis juste. Ah! c'est que vous ne savez pas tout. Et il faut que vous le sachiez, au fait. Aussi bien, je suis las d'être seul à ruminer en moi-même toute cette histoire. Vous êtes mes bons amis, mes vieux amis. Toi, chevalier, malgré tes taquineries de discussion, tu m'aimes, je n'en doute pas. Vous, docteur, vous êtes un homme de bon conseil et Adelphe vous écoutait volontiers jadis. Eh bien! j'ai besoin de vous contre lui. Et nous ne serons pas de trop, à nous trois, pour le tirer du bourbier. Le malheureux a perdu la tête, voilà. Il a au cœur une passion immonde. Une fille, une gourgandine!

D'AMBLEZEUILLE.

A laquelle il donne les écus de grand-oncle. Bah! cela se voit tous les jours.

CÉZAMBRE.

Et cela se guérit facilement. A vingt ans!

KERNAN.

Il veut l'épouser.

CÉZAMBRE.

Ah! diable! Alors, oui, c'est grave. Cette fois, mon cher Kernan, je ne ris plus de la discussion et je ne vous dirai plus que vous avez tort. Cette fois, mon ami, quoi que vous fassiez, vous faites bien. C'est là une plaie où il faut porter le bistouri et le fer rouge.

KERNAN.

Es-tu convaincu, d'Amblezeuille?

D'AMBLEZEUILLE.

Mon Dieu! il faudrait savoir exactement. Es-tu bien sûr que...? As-tu pris des renseignements précis sur la femme? Enfin, peut-être...

KERNAN.

Une fille, te dis-je! J'ai fait prendre tous les renseignements. Une fille! entends-tu. Et ce qu'il y a de pis, c'est que l'imbécile le sait. Sa lettre, la lettre où il osait me parler de ce mariage, est pleine de confidences honteuses à cet égard. Un passé douloureux, m'écrivait-il, une âme incomprise, une réhabilitation à faire! Un tas de billevesées, enfin, un tas de sottises monstrueuses qui ont cours dans la morale d'aujourd'hui, mais non dans la mienne.

CÉZAMBRE.

Et cette femme est beaucoup plus vieille que lui, naturellement ?

KERNAN.

Naturellement. Très séduisante, d'ailleurs, paraît-il. De plus, une gaillarde qui sait, comme on dit, son affaire. Une dangereuse, et qui ne s'en cache pas. Car la gouine a pris pour nom de guerre *la Glu*, et son cachet porte en exergue cette devise significative : « Qui s'y frotte s'y colle ».

D'AMBLEZEUILLE.

Mais alors, comment le vicomte a-t-il pu se détacher d'elle pour revenir ? Et comment espères-tu le garder si elle veut le reprendre ?

KERNAN.

Elle a quitté Paris un beau matin, lâchant Adelphe pour l'affoler sans doute davantage. Lui, se trouvait à *quia*, et comptait pouvoir ici m'extorquer quelque somme en ayant l'air de se soumettre. J'ai profité de l'occasion pour le rappeler. Maintenant que je le tiens, nous verrons. Le vicomte a du cœur, de l'honneur, et....

CÉZAMBRE.

Ah ! prenez garde, mon ami, prenez bien garde. Le cœur et l'honneur sont peu de chose, quand on est dans les griffes d'une mauvaise femme. Je vous l'ai contée, ma lamentable histoire à moi, à moi qui étais un homme pourtant, et non pas un enfant comme Adelphe. Et vous savez ce que j'y ai laissé dans un duel de ce genre-là.

KERNAN et D'AMBLEZEUILLE, lui serrant la main.

Pauvre ami !

SCÈNE II.

LES MÊMES, ADELPHE qui ouvre la porte et s'arrête soudain sur le seuil.

ADELPHE.

Le serment du Grutly ! Un conciliabule ! Ah ! pardon ! je vous dérange sans doute ! Continuez, je vous en prie, faites comme si je n'étais pas là. Le trio de *Guillaume Tell* ! Musique de chambre ! C'est gentil ! Cela va me distraire. Je m'ennuyais là haut.

KERNAN.

Tu m'avais dit que tu étais souffrant. Je te croyais couché.

ADELPHE.

Comme les poules, n'est-ce pas ? Le fait est qu'ici, à Guérande !... Enfin ! Ah ! ce n'est pas gai, d'être là haut, tout seul. J'aime encore mieux être avec vous.

D'AMBLEZEUILLE.

Eh bien ! tu es aimable, toi, à la bonne heure !

ADELPHE.

On fait ce qu'on peut. Mais encore une fois, je vous en prie, ne vous dérangez pas pour moi. Continuez votre petite conspiration. Je vous dis que cela m'amusera. Vous parliez de moi, n'est-ce pas ? Eh bien ! Allez-y. Je ne suis pas de trop.

KERNAN.

Voyons, Adelphe, ne fais donc pas le mauvais plaisant.

ADELPHE.

Mais je suis très sérieux.

CÉZAMBRE.

Écoute-moi donc, alors, mon cher enfant, et sois sérieux pour de bon. Tu veux que l'on continue devant toi ce conciliabule, comme tu dis. Soit! C'est moi qui avais la parole. Je la reprends. Ecoute-moi bien. Quand tu étais petit, il n'y a pas encore dix ans de cela, je te mettais souvent sur mes genoux pour te raconter de belles histoires, que tu aimais à entendre. Or il y en a une que je ne t'ai jamais dite et que tu es assez grand pour connaître aujourd'hui. Écoute-la bien. C'est la mienne.

ADELPHE.

Mais, mon cher Cézambre.....

CÉZAMBRE.

Oui, c'est la mienne, et il ne faut pas que ce soit la tienne.

KERNAN.

Il sait, mon cher ami ; il sait à la suite de quel malheur vous êtes venu vous réfugier à Guérande, loin de votre pays, loin des vôtres, loin de tout !

CÉZAMBRE.

Bien ! bien ! J'abrégerai donc. Mais ce qu'il ne sait pas, ce que je veux qu'il sache, c'est ce que j'ai souffert, c'est ce que j'ai failli perdre là-dedans de mon honneur et de ma dignité d'homme. Car j'étais un homme, moi, un homme de quarante ans, un vieux marin, et j'en avais vu de dures, et je pouvais me croire sage et fort, tandis que toi, mon cher Adelphe, comme je le disais tout à l'heure sans vouloir t'offenser, tu n'es encore qu'un enfant. Eh bien! moi, tel que tu me connais, j'ai manqué sombrer dans un amour infâme.

ADELPHE, dépité.

Ah ! de la morale ! encore ! Je m'en doutais.

CÉZAMBRE.

Non, mais écoute-moi, te dis-je. Mon cas n'était pas même si triste que le tien. C'était une jeune fille, chez ses parents, de braves gens. Et si douce! Si candide ! Qui aurait cru ? Une gueuse, cependant. Une mauvaise femme, vois-tu. Une de celles qu'il faut tuer quand on les rencontre. Et je ne l'ai pas tuée ! Elle m'a trompé. Je l'ai su. Et je lui ai pardonné. Et elle m'a trompé de nouveau, et avec le premier venu, avec tout le monde, pour de l'argent. Et je ne l'ai pas tuée. Non ! je l'aimais quand même. J'étais acoquiné. Je ne me suis pas tué non plus. Je n'ai eu qu'un courage : celui de me sauver, sans plus regarder derrière moi, comme un lâche.

KERNAN et D'AMBLEZEUILLE.

Triste ! triste !

ADELPHE.

Oui, c'est triste, en effet, je ne dis pas ; mais.....

CÉZAMBRE.

Et depuis, la vie brisée, la solitude ! Encore bien heureux d'avoir pu me faire ici des amis comme vous ! Heureux surtout d'avoir pu éteindre en mon cœur le souvenir de cette passion. Je suis calme à présent. Je n'y pense plus. Mais quoi ! Je suis calme comme on l'est dans un tombeau. Maison vide. Foyer désert. Pas de famille ! Et c'est dur, vois-tu, mon garçon, de sentir que rien ne vous rattache au monde ; c'est dur de ne pouvoir jamais aimer que les enfants des autres.

ADELPHE, ému.

Mais vous les aimez bien, mon cher Cézambre. Je le sais pour ma part, et je n'ai pas besoin de vous dire qu'en retour.....

CÉZAMBRE.

En retour, n'est-ce pas, tu me permets de te parler comme un père. Et tu vois, j'en use. C'est pourquoi, je te le répète, il ne faut pas que ta vie à toi soit gâchée ainsi qu'a été la mienne. Il faut que tu penses à nous, qui sommes de pauvres vieux ne pensant qu'à ton bonheur. Il faut que tu épouses une noble fille, de ton rang, honorable et fière, et que tu aies une vraie famille, enfin ! Il faut que tu aies une femme qui puisse être la digne mère de tes enfants. Les braves petits !

Nous serons trois grands-pères pour les choyer, les faire sauter sur nos genoux, et leur conter de belles histoires, un peu plus gaies que celle-ci!

KERNAN.

Ah! merci, mon cher Cézambre. Vraiment, voilà parler!

D'AMBLEZEUILLE, essuyant une larme.

Parbleu! Ce docteur vous a une façon à lui de dire les choses!

KERNAN.

Eh bien! Adelphe?

ADELPHE.

Mon Dieu! évidemment, le docteur, à son point de vue..... Mais, enfin, il faut raisonner, aussi. Le cas n'est pas le même. Une femme peut avoir eu des malheurs. Un concours fatal de circonstances.... Il y a des âmes qui.....

KERNAN, irrité.

Ah! voilà que tu reviens à tes sottises! Tu n'es donc pas convaincu?

ADELPHE.

Mais pas du tout. Il s'agit de discuter.....

KERNAN.

Eh! il n'y a pas de discussion possible.

CÉZAMBRE et D'AMBLEZEUILLE.

En effet.

ADELPHE.

Eh bien! non, il n'y a pas de discussion possible. Tout ça, ce sont des phrases, des mots, de la sensiblerie. Je l'aime, quoi! je l'aime. Voilà un fait. Je l'aime! Et puis après?

KERNAN.

Mais, malheureux.....

ADELPHE.

Oh ! non, mon oncle, non ! Si c'est pour recommencer la scène d'hier, merci, j'en ai assez. D'ailleurs, trois contre un, c'est trop. Je vais allumer une cigarette. Bonsoir. (Il sort.)

SCÈNE III.

LES MÊMES, moins ADELPHE.

KERNAN.

Eh bien ! vous voyez, docteur, où en sont les choses.

CÉZAMBRE.

C'est grave, en effet, plus grave que je n'aurais cru.

SCÈNE IV.

LES MÊMES, YVONNE.

YVONNE.

Pardon, excuses, monsieur le comte, si je dérange la compagnie. C'est comme ça le père Gillioury, du Croisic, qui vient chercher monsieur le docteur.

KERNAN.

Qui ça, le père Gillioury ?

CÉZAMBRE.

Un vieux matelot ; vous le connaissez bien ! Celui que les gens du pays appellent Bout-dehors et boute-en-train, le joueur de banjo, le fabricant de pipes en pinces de homard.

KERNAN.

Ah ! oui ; le drôle de corps !

D'AMBLEZEUILLE.

Et le digne homme aussi !

YVONNE.

Oh ! pour çà, oui, monsieur le chevalier. N'y a pas son pareil pour jouer de sa guitare de nègre, et chanter les vieilles chansons, et rendre service au prochain.

KERNAN.

Fais-le donc monter, et apporte du rhum. J'aime à trinquer avec les braves gens.

(Yvonne sort.)

SCÈNE V.

LES MÊMES, moins YVONNE.

CÉZAMBRE.

Et celui-là mérite bien l'honneur, allez ! Une vraie pâte d'honnête homme ! Avec les cent quatre-vingts francs de pension que l'État lui paie pour trente années de service, il trouve moyen de n'être à charge à personne. Il travaille toujours, le pauvre vieux. Et, pour se reposer, il donne sa gaîté et ses chansons à tout le monde, gratis. Il est heureux et fait des heureux. Un seul défaut !

D'AMBLEZEUILLE.

Il chîque ?

CÉZAMBRE.

Oui ; mais ce n'est pas un défaut.

KERNAN.

Il boit ?

CÉZAMBRE.

Non. Son seul défaut, c'est qu'il parle un peu marin et qu'il faut avoir vécu à bord pour le comprendre.

SCÈNE VI.

LES MÊMES, YVONNE, GILLIOURY.

YVONNE.

Le voici, monsieur le comte. Il ne voulait pas croire que c'était vrai. (Elle pose des verres sur la table et les remplit de rhum.)

GILLIOURY.

Effectivement. Vous sentez bien, messieurs et dame et la compagnie, pardon excuses de vous donner de l'avant comme çà par le travers de votre conversation. C'est Yvonne qui m'a fait entrer de force, parce que, sans ça.....

CÉZAMBRE, lui tendant la main.

Bonsoir, mon vieux Gillioury. Allons, ta main, mon brave.

GILLIOURY, faisant le salut militaire.

Bonsoir, m'sieu le major.

KERNAN.

Tenez, buvez un coup, mon brave homme. A votre santé !

GILLIOURY.

Bien du merci, messieurs et l'aimable société. Ce n'est pas de refus. J'ai le gosier sec et les jambes en étoupe, après une journée de travail, de courir en plus depuis le Croisi. (Il ôte sa chique de sa bouche et boit.) A vot' santé ! Hum ! c'est du chenu, çà ! Çà vous suive l'*estomaque*. Si j'avais le temps, je vous en roucoulerais une là-dessus, avec accompagnement de mon banjo. (Il fait sauter par devant sa guitare en bandoulière, et gratte un accord.) Mais je n'ai pas le temps, vrai de vrai. Pardon, excuses, c'est pressé.

CÉZAMBRE.

Qu'y a-t-il ?

GILLIOURY, très vite.

C'est pour vous dire la chose qu'est la chose, m'sieu le major, que c'est pressé, pressé, quoi! et qu'il faut virer de bord et filer vent arrière, rapport à la mère Marie-des-Anges, la veuve, qu'est quasiment folle, et couchée comme de fièvre, à cause du gas Marie-Pierre, qui a dérapé de chez eux depuis trois jours; et la petite Naïk a voulu venir vous accoster, et parce qu'il faisait nuit, je suis venu avec elle. Même qu'elle est en bas, et qu'elle vous dirait mieux que moi la chose qu'est la chose, puisqu'elle a vu, elle, comment que le mal a pris à la mère Marie-des-Anges.

KERNAN.

Yvonne, fais donc monter aussi la fillette. (A Cézambre.) Ce bonhomme-là baragouine! On n'y comprend pas grand'-chose.

(Yvonne sort.)

SCÈNE VII.

LES MÊMES, moins YVONNE.

CÉZAMBRE à Gillioury.

Alors, le gas de Marie-des-Anges s'est sauvé? Mais pourquoi?

GILLIOURY.

Pour faire la noce, harné!

D'AMBLEZEUILLE.

A Saint-Nazaire, sans doute?

GILLIOURY.

Non pas. Il est par ici, par là, on ne sait pas où, à rôder avec sa Parisienne de malheur.

KERNAN.

Quelle Parisienne?

SCÈNE VIII.

LES MÊMES, YVONNE, NAIK.

NAÏK, avec une révérence.

Messieurs et la compagnie, bien le bonsoir.

KERNAN.

Approchez, mon enfant.

CÉZAMBRE.

Voyons, qu'y a-t-il? Il paraît que la mère Marie-des-Anges est malade?

NAÏK.

Oui, monsieur le docteur, bien malade. Jamais je ne l'ai vue comme ça. Elle, toujours si vaillante, elle reste des heures entières aponichée devant le feu, à ne rien faire, qu'à regarder les braises. Elle, si bonne, elle a ensuite des accès de colère, de rage, si on peut dire. Elle se lève tout à coup, elle va et vient; elle pleure et elle crie, que ça fait peur.

GILLIOURY.

Oui, peur, m'sieu le major. On croirait une aigle de mer à qui on a pris ses petits.

NAÏK.

Dame! Il ne lui reste plus que celui-là, de cinq qu'elle a eus! Et elle est veuve, vous savez!

CÉZAMBRE.

Et depuis quand est-elle.... malade, comme tu dis?

NAÏK.

Depuis avant-hier soir, monsieur le docteur. Et elle ne dort plus, et elle mange à peine, et ses grandes colères ne font qu'augmenter. Oh! c'est triste à voir, allez! Et une femme qui est si bonne. Moi, voyez-vous, monsieur le docteur, c'est comme ma mère. J'étais toute petite quand mes parents sont morts, et elle m'a recueillie, nourrie, élevée. Aussi, je l'aime bien, je vous promets, et je ne voudrais pas qu'elle eût du mal. Et son gas Marie-Pierre aussi, je l'aime bien. C'est comme un grand frère pour moi. Et si gentil, si bon fils, si brave travailleur! Ah! c'est elle qui l'aime, son gas Marie-Pierre. Tenez, monsieur, un jour, quand nous étions tout petits, comme nous jouions devant la porte, il est arrivé un chien enragé; et tout le monde se sauvait en criant. Personne n'osait seulement lui jeter des pierres. Il était grand, grand, plus grand qu'un loup. Marie-des-Anges n'a fait ni une ni deux, elle ! Elle a couru au-devant de la bête, avec son merlin, et elle l'a assommée d'un coup. Ah ! c'est qu'elle l'aime, allez, son gas Marie-Pierre ! Alors, vous comprenez, de le voir comme ça qui s'ensauve, et qui va à sa perdition, elle ne peut pas supporter ça, la pauvre femme, et ça la rend folle, et il y a de quoi, n'est-ce pas? (Elle éclate en sanglots.)

CÉZAMBRE, lui prenant les mains.

Voyons, mon enfant, ne pleurez pas! Consolez-vous, voyons! Ce n'est pas là une maladie que soignent d'ordinaire les médecins. Mais j'y vais tout de même. Je lui parlerai. Je ferai de mon mieux. Soyez tranquille. Je la calmerai.

GILLIOURY, parlant à Kernan.

Mais quelle idée, aussi, cette Parisienne de malheur, quelle idée, d'aller saborder un mousse comme Marie-Pierre, un morveux! Vrai, ces femmes de Paris ont des inventions!

KERNAN, prenant Gillioury à part.

Est-ce que c'est bien une Parisienne qui habite à la baie des Bonnes-Femmes?

GILLIOURY.

Bien sûr. C'est c'te p... oison-là, sauf votre respect

CÉZAMBRE, à Naïk.

Là, calmez-vous, je lui parlerai ; soyez tranquille, je la guérirai.

NAÏK.

Oh ! monsieur le docteur, si vous pouviez parler aussi au gas Marie-Pierre ; si vous pouviez aussi le guérir, lui !

CÉZAMBRE.

Là, mon enfant, là, remettez-vous, et partons vite. Bonsoir, messieurs !

KERNAN ET D'AMBLEZEUILLE.

Bonsoir, et bonne réussite.

Rideau.

DEUXIÈME TABLEAU

La baie des Bonnes-Femmes. Au fond, en perspective fuyante, la grève, avec la mer à droite et les salines à gauche. Des salines à la rampe, plans de rochers avec praticables. A droite, le châlet, dont la façade invisible regarde la mer, et dont la façade postérieure, plantée de biais, regarde la scène. On n'en voit qu'un angle avec large porte-fenêtre, qui donne sur une terrasse à balcon, peu élevée. Il fait nuit. De temps à autre la lune paraît.

SCÈNE I.

CÉZAMBRE, GILLIOURY.

GILLIOURY.

Par ici, par ici, m'sieu le major! Là, jetez le grappin au coin du rocher! Et le cap à babord! Vous y voilà. C'est du sable à présent. (Il aide le docteur à pénétrer à travers les rocs jusque sur la scène.)

CÉZAMBRE.

Quel diable de chemin m'as-tu fait prendre? Ah! par exemple, oui, nous avons bien fait de laisser Naïk à la maison. La pauvre petite n'aurait jamais pu nous suivre à travers les salines et les rochers.

GILLIOURY.

Et puis, il faut bien que quelqu'un reste là-bas, pour que Marie-des-Anges ne soit pas toute seule, si elle revient. En voilà une idée qu'elle a eue, l'ancienne, de déraper à la recherche de son gas, en pleine nuit! Ah! si elle croit qu'ils sont dehors à c't'heure-ci, les amoureux!

CÉZAMBRE.

Et surtout dans les salines, merci! De vrais casse-cou! Quel diable de chemin tu m'as fait prendre!

GILLIOURY.

C'était pour arriver plus vite, m'sieu le major. Il s'agissait de filer au plus près. Parce que, vous comprenez, l'ancienne aurait pu être là avant nous. Quelqu'un lui a peut-être dit où niche la particulière. Tantôt, elle ne le savait pas encore. J'ai bien recommandé qu'on ne le lui dise pas. Mais il ne faut qu'un coup, un bavard. Et alors, dame, pavillonnée comme elle est, et le vent grand'largue, ça ferait un abordage du tonnerre de Brest. Et Naïk veut éviter ça, autant que possible, vous comprenez.

CÉZAMBRE.

Oui, oui, elle a raison. Il vaudrait mieux arranger les choses, ne pas faire un éclat.

GILLIOURY.

D'autant plus que....

CÉZAMBRE.

Écoute donc! Tais-toi!

GILLIOURY.

Qu'est-ce qu'il y a?

CÉZAMBRE, montrant les salines.

Tu n'as pas entendu crier par là?

GILLIOURY.

Non. (Il fait un cornet de sa main à son oreille.)

UNE VOIX LOINTAINE, pousse des cris indistincts.

CÉZAMBRE.

Voyons, tu n'entends pas?

LA VOIX se rapproche. Les cris sont toujours indistincts.

GILLIOURY.

C'est le vent qui gimble et la mer qui violonne.

LA VOIX, plus près encore. On distingue cette fois, mais vaguement.

Marie-Pierre! mon gas! Marie-Pierre!

CÉZAMBRE.

C'est elle! Ecoute.

GILLIOURY.

Ma foi, oui. Il me semble bien.

(On aperçoit au loin, à la crête d'un rocher, la silhouette de Marie-des-Anges, qui agite une lanterne.)

SCÈNE II.

LES MÊMES, MARIE-DES-ANGES.

MARIE-DES-ANGES, de là-bas.

Ohé! Marie-Pierre! mon gas! Marie-Pierre!

GILLIOURY, s'apprêtant à la héler.

Ohé!.....

CÉZAMBRE, lui mettant la main sur la bouche, et montrant le châlet.

Tais-toi donc! On va t'entendre de là.

GILLIOURY.

C'est vrai! Bête que je suis!

CÉZAMBRE.

Allons plutôt au-devant d'elle.

GILLIOURY.

C'est vrai! Allons! (Ils s'engagent dans les rochers.)

MARIE-DES-ANGES, qui a disparu, et qui reparaît plus près.

Marie-Pierre! Mon gas!

GILLIOURY, sur un rocher, l'interpellant, à voix assez forte quoique assourdie.

Chut! motus, la mère! Ne vous égosillez donc pas comme ça. C'est moi, Gillioury, et il y a avec moi monsieur le docteur Cézambre. Il veut vous parler.

MARIE-DES-ANGES, enjambant les rochers et descendant en scène.

Ah! ah! Bien. Il l'a vu, n'est-ce pas? Bon, bon, je me tais, Gillioury, je me tais.

CÉZAMBRE.

Eh bien! voyons, la mère, qu'y a-t-il?

MARIE-DES-ANGES.

Vous l'avez vu, n'est-ce pas, monsieur Cézambre? Vous l'avez vu, mon petit gas? Ah! mon pau' petit gas! mon pauvre Marie-Pierre! (Elle fond en larmes.)

CÉZAMBRE.

Un peu de courage, allons, la mère. Sapristi! une femme comme vous, si gaillarde, si brave! On ne pleure pas comme ça. Que diantre! il n'est pas perdu, votre petit gas.

GILLIOURY.

C'est ce que je lui dis aussi.

MARIE-DES-ANGES.

Allez, si, qu'il est perdu! J'ai cru comme vous que c'était un feu de paille, et que ça ne durerait pas. Je l'ai cru dans les commencements, quand Marie-Pierre se contentait de manquer l'ouvrage et de courasser pendant l'après-midi. Mais quoi! voilà qu'il y passe les nuits à c'te heure, et les jours entiers. Trois nuits de suite, monsieur Cézambre! Trois jours et trois nuits qu'il n'est pas rentré à la maison. Et pendant ce temps-là, l'ouvrage ne va pas, vous savez bien. Un jour ou deux de chômage, passe encore. Et puis Gillioury est là pour un coup de main. Mais toujours, toujours à ne rien faire! Ça devient une habitude, alors? Et le pain que nous mangeons, qui est-ce qui le gagnera donc, si mon gas nous laisse en plan? On ne vit pas de l'air du temps, n'est-ce pas? Et ce n'est pourtant pas moi qui peux aller relever les casiers et tirer les filets, harné! C'est son affaire, à lui. Et, au lieu de ça, qu'est-ce qu'il fait, je vous le demande un peu? Elle le nourrit, quoi! cette femme-là. Elle me le rend fainéant, lâche. Ah! C'est la perdition, pour sûr, c'est la perdition, je vous dis.

CÉZAMBRE.

Eh! Vous n'êtes pas raisonnable, la mère. Vous exagérez! Parce qu'il est un brin amoureux, bah! Vous ne vous rappelez donc plus votre jeune temps?

GILLIOURY.

Dame! Oui.

MARIE-DES-ANGES.

Harné! alors, si le sang le travaille déjà, qu'il se marie donc! Et qu'il n'aille pas sans la bénédiction du bon Dieu. Et qu'il aime une petite fille du pays, une bonne et sainte créature, et non pas cette étrangère de malheur qui est en train de le damner. Une personne pas bien naturelle d'ailleurs, à ce qu'on dit. Une espèce de maigrichonne frétillant comme un pou de sable, toujours à galopiner le long des grèves ou au flanc des roches, ainsi qu'une chèvre en folie. Ah! voyez-vous, voyez-vous, vous qui êtes un savant, monsieur Cézambre, vous devez bien reconnaître qu'il y a quelque diablerie là-dedans. Pour avoir pris l'âme de mon pau' petit gas, si sage, si vertueusement éduqué, il faut qu'elle ait des secrets, allez. C'est une jeteuse de sorts, pour sûr. C'est peut-être bien une Kourigane, hein?

CÉZAMBRE.

Mais il n'y a plus de Kouriganes, ma bonne Marie-des-Anges!

MARIE-DES-ANGES.

Ah! vous êtes encore un mécréant, vous, sauf le respect

que je vous dois. Et si ce n'est pas une Kourigane, donc, comment expliquer le mal de mon petit gas ? Trois jours et trois nuits sans rentrer, que je vous dis. Ah ! tenez ! j'ai bien eu de la colère tout d'abord, et j'ai crié, et j'aurais voulu les tenir, là, devant moi. Mais, à c'te heure, c'est fini. Je ne crie plus, je ne suis plus en colère. J'ai peur seulement. J'ai peur qu'elle le mène à sa perdition, à sa mort. Pourvu qu'elle ne l'ait pas jeté dans un trou maudit, ou néyé à la mé, le pau' p'tit ! Ah ! j'ai regardé partout, à la pointe noire, au pertuis des fées, avec ma lanterne. Et j'ai appelé dans la nuit, au bord de l'eau. Et je n'ai rien vu, rien trouvé. Alors, vous non plus, monsieur Cézambre, vous ne l'avez pas vu, mon petit gas ?

CÉZAMBRE.

Non, non, la mère, je ne l'ai pas vu. Mais rassurez-vous, il n'est pas perdu. Il vous reviendra. Vous vous faites des idées folles.

GILLIOURY.

C'est ce que je lui dis aussi.

MARIE-DES-ANGES.

Ah ! s'il revenait ! si je le voyais, au moins ! Mais je ne lui dirais rien, allez, je vous le jure. Je ne lui en veux plus. Je serais si contente de le revoir, vivant, vivant ! Et si elle me le rendait, elle, je ne lui ferais pas un reproche, tenez ! Je la bénirais même. Elle me le rendrait, voyez-vous, si elle me voyait pleurer comme ça. Et je l'emmènerais, bien chaud sous ma mante, le pau' petit, bien serré dans mes bras. Ah ! il faut que je le trouve. Je le veux. Je le trouverai. Laissez-moi le chercher, laissez-moi faire ! Marie-Pierre ! mon gas !

(Elle s'échappe en courant par les rochers.)

SCÈNE III.

CÉZAMBRE, GILLIOURY.

CÉZAMBRE.

Il n'y a pas moyen de lui parler raison, va. Il faut la laisser chercher, comme elle dit. Quand elle sera lasse d'errer, elle rentrera. J'irai la voir à la maison. Peut-être alors sera-t-elle plus calme, par fatigue. Pour le moment, je ne vois rien à faire. Au revoir, Gillioury.

GILLIOURY.

Alors, vous vous en allez, m'sieu le major ?

CÉZAMBRE. (Il tire sa montre.)

Dame ! il est plus de minuit, mon brave. Je ne serai pas à Guérande avant une heure. Et j'ai des malades qui m'attendent demain matin. Tu comprends ?

GILLIOURY.

Oui, oui, je comprends.

CÉZAMBRE.

J'irai au Croisic dans la journée, je te le promets. Allons, au revoir. Et toi, par où vas-tu ?

GILLIOURY.

Ben, je vais la rejoindre, la pauvre vieille ! Ah ! je suis tout sabordé par ces histoires-là, moi. Au revoir, m'sieu Cézambre, à demain.

(Cézambre sort par la droite.)

SCÈNE IV.

GILLIOURY seul. (Il fait quelques pas vers le fond, puis s'arrête.)

C'est vrai, çà : on ne sait quoi faire. La rejoindre ! la rejoindre ! Parbleu ! ce n'est pas difficile. (On voit au loin Marie-des-Anges et sa lanterne). Elle est là-bas, qui rôde dans les salines, courant bord sur bord, comme désemparée. Elle finira par se casser les jambes. Eh bien ! oui, la rejoindre ! Et puis après ? (On entend les cris indistincts de Marie-des-Anges). La laisser crier, s'enrouer. Et pour rien ! Car il est là, son petit gas (Il montre le châlet.), il est là. Dire qu'elle voudrait tant le voir ! Bah ! elle ne ferait peut-être pas d'abordage, qui sait? Elle avait l'air comme radoucie, un peu. Elle lui parlerait gentîment, sans doute. Ah ! et puis, ma foi, risque risque ! Toujours louvoyer, attendre ci, espérer çà, en v'là assez. Il n'y a encore rien de tel que de courir à l'ennemi, toutes voiles dehors et le cap au danger. Eh bien ! s'il y a abordage, y aura abordage. Et j'en serai, moi ! Aïe donc !

(Il sort en courant par le fond.)

SCÈNE V.

MARIE-DES-ANGES, GILLIOURY, au loin, à la cantonade.

MARIE-DES-ANGES.

Marie-Pierre ! Ohé ! mon gas.

GILLIOURY.

Ohé ! la mère, attendez-moi.

MARIE-DES-ANGES, d'une voix plus lointaine.

Marie-Pierre ! mon gas ! Marie-Pierre !

(Les voix s'éteignent en cris indistincts.)

SCÈNE VI.

MARIE-PIERRE, puis LA GLU.

MARIE-PIERRE, ouvrant la porte-fenêtre et s'avançant sur la terrasse, regarde du côté des salines et prête l'oreille.

Oui, oui, j'en suis sûr. C'est par là.

(On entend la voix dolente de Marie-des-Anges ; il tressaille.)

Ah ! je le savais bien. C'est-elle. C'est ma mère.

(Il vient jusqu'à la balustrade et se penche vers les salines. Clair de lune.)

LA GLU, apparait et vient s'asseoir devant lui.

Eh bien ! Qu'est-ce que tu fais là ?

MARIE-PIERRE, qui sursaute brusquement, comme un enfant pris en faute.

Rien. Rien. Tu vois, je regardais, j'écoutais.

LA GLU.

Qu'est-ce que tu écoutais ?

MARIE-PIERRE.

Rien, rien. J'écoutais, comme ça, pour écouter.

LA GLU.

Mais pour écouter quoi, petite brute ? Ah ! çà, voyons ! tu es malade, n'est-ce pas ? (Elle s'approche de lui, et le câline). C'est donc drôle, de venir là, pour s'enrhumer ? Hein, c'est donc drôle, ça ?

MARIE-PIERRE.

Mais c'est que j'avais entendu.....

LA GLU

Quoi ? Quoi ? Rien du tout. Tu avais rêvé.

MARIE-PIERRE.

Non, harné ! que je te dis. Je viens encore de l'entendre....

LA GLU.

Bah ! c'est une vieille chouette qui crie par là.

MARIE-PIERRE.

Non pas. C'est ma mère, j'en suis sûr, c'est elle.

LA GLU.

Ah ! Tu m'agaces avec ta mère.

MARIE-PIERRE.

C'est ma mère, vois-tu, c'est l'ancienne, et qui m'aime tant.

LA GLU, *caressante*.

Eh bien! et moi, je ne t'aime donc pas ?

MARIE-PIERRE.

Oh ! oui, oui, tu m'aimes, oui.

LA GLU.

Et tu ne m'aimes pas un peu plus que l'ancienne, voyons ?

MARIE-PIERRE.

Si, tu le sais bien, tu le sais bien que je t'aime. Depuis le premier jour où je t'ai embrassée, là-bas, dans la hutte aux douaniers, j'ai eu comme le cœur retourné, et je n'ai plus vu que toi, et je n'ai plus pensé qu'à toi, et je n'aime que toi. Et toi aussi, n'est-ce pas, tu m'aimes?

LA GLU.

Comment veux-tu que je ne t'aime pas ? Moi aussi, vois-tu, ce jour-là, j'ai eu le cœur retourné, comme tu dis. Ah ! je n'oublierai jamais ça. Tu m'as empoignée, emportée dans tes bras, ainsi qu'un enfant. Et je sentais ta poitrine se gonfler, ton sang battre. Oh ! que tu étais beau ! Petit sauvage, va !

MARIE-PIERRE.

Je t'aime, je t'aime.

LA GLU.

Et ce n'est donc pas bon, ce n'est donc pas meilleur que tout, de s'aimer comme ça, dis?

MARIE-PIERRE.

Oui, oui, meilleur que tout, tu as raison. Et je n'ai rien entendu, ce n'est pas vrai. Et puis.... et puis, si j'ai entendu quelque chose, ma foi! tant pis! viens, viens, rentrons! Je t'aime, je n'aime que toi. Viens.

LA GLU.

N'est-ce pas, qu'elle nous ennuie, la vieille?

MARIE-PIERRE, affolé.

Oui, oui. N'y pensons pas. Je t'aime. Viens! il fait froid. Viens!

(Ils rentrent enlacés, la fenêtre se referme. La lumière s'éteint.)

SCÈNE VII.

GILLIOURY, MARIE-DES-ANGES.

Ils arrivent par les roches, Gillioury d'abord. Il marche avec précaution et regarde avant tout s'il n'y a personne.

GILLIOURY, se retournant.

Chut! la mère, motus dans l'entrepont! ne vous montrez pas encore. (A part.) Parce que j'ai comme un soupçon qu'on vient de grouiller par là. Il ne faudrait pas non plus tomber dans le branle-bas tout de suite. Non, il n'y a personne dehors, je m'étais trompé. (A Marie-des-Anges.) Là, laisse arriver, doucement, la mère. Motus, toujours.

MARIE-DES-ANGES.

Je ne dis rien. Tu vois, je tiens ma promesse.

GILLIOURY.

Mais rappelez-vous bien tout ce que vous m'avez promis, au moins. Vous serez sage. Vous ne ferez pas de scène.

MARIE-DES-ANGES.

Non, non, n'aie pas peur, mon bon Gillioury.

GILLIOURY.

C'est moi qui ai pris la chose sous mon bonnet. Je vous le ferai voir, foi de Bout-dehors, je vous le ferai voir. J'ai mon plan pour ça. Mais aussi, faut me laisser aller de l'avant à mon idée. C'est par la ruse, moi. Tout cœur de malice, c'te caboche-là. Et en vous montrant, ça gâterait tout. Vous comprenez, la mère ?

MARIE-DES-ANGES.

Oui, oui, je comprends. Et je te remercie. Sois tranquille ! Je ne bougerai pas. Je veux le voir, le pau'petit. Ah ! si je pouvais lui parler aussi ! Mais ne crains rien ! J'attendrai que tu me le dises. Je suis calme, va, je me contiendrai. Alors, c'est là qu'ils sont? (Elle montre le chalet et s'en approche.)

GILLIOURY, la ramenant vers les roches.

Chut ! pare au mot d'ordre ! Silence dans les rangs. Oui, c'est là ; mais motus ! Ce n'est pas votre place de ce côté-ci. Laissez-moi gouverner la chose qu'est la chose. J'ai relevé le point. Ne vous occupez de rien, que de regarder et d'attendre. (Il la conduit derrière une roche.) Embossez-vous là derrière, qu'on ne vous voie pas, et espérez. J'vas lui chanter la chanson de nage qui fait saillir les marins du lit.

Marie-des-Anges se cache derrière la roche. Gillioury vient sous la terrasse, s'assied par terre, et racle son banjo.

GILLIOURY, chantant.

Hurrah ! les fill' à quat' deniers !
Hurrah ! les fill' à quat' deniers !
A quat' deniers les fill' en sont.
Tirons, mes garçons, sur nos avirons.

SCÈNE VIII.

LES MÊMES, MARIE-PIERRE.

MARIE-PIERRE, ouvrant brusquement la fenêtre.

Qui est là ?

MARIE-DES-ANGES, à part.

Ah ! mon pauv' gas! Il n'a pas ben bonne mine.

GILLIOURY, d'une voix un peu avinée.

Hurrah! les fill' à quat' deniers.

MARIE-PIERRE, s'avançant un peu.

Qui est là? C'est toi, Gillioury ?

GILLIOURY.

Eh ! oui, du gas, C'est moi, ton vieux Gillioury, ton vieux Bout-dehors !

MARIE-PIERRE.

Où es-tu donc ? je ne te vois pas.

GILLIOURY.

Je suis sous le balcon, mon fin Marie-Pierre. Je suis là, tout las, tout rendu, lové comme un bitors au rancart. Dématé, quoi ! J'ai fait chappechute dans les salines. Je dois avoir une rame de cassée. Ah ! j'ai-t'-y mal, Dieu de Dieu, j'ai-t'-y mal !

MARIE-PIERRE, au bord du balcon.

Eh bien! lève-toi, voyons.

GILLIOURY.

Je ne peux pas. J'avais bu un petit coup de trop, harné ! pour tout dire. Alors je me suis perdu en revenant de Guérande. Et je suis tombé par là, dans un trou. Ah ! ma jambe ! Dieu de Dieu de bon Dieu ! j'ai-t'-y mal !

MARIE-PIERRE.

Ah ! pauvre vieux, va !

MARIE-DES-ANGES, à part.

Il a toujours bon cœur, le brave petit !

GILLIOURY, se traînant au milieu de la scène

Tu vas m'aider, hein, du gas. Descends un peu, dis, mon doux Marie-Pierre. Tu ne peux pas me laisser crever comme une bête, harné ! Ah ! Dieu de Dieu ! C'est ton vieux Gillioury, du gas ! Descends un peu, dis ! Descends, pour voir.

SCÈNE IX.

LES MÊMES, LA GLU.

LA GLU, à la fenêtre.

Où vas-tu ? Tu es fou ?

MARIE-DES-ANGES, à part.

Oh ! la voilà, la mauvaise bête !

MARIE-PIERRE à la Glu.

C'est un brave ami, si tu savais.

GILLIOURY.

Ah ! ma jambe ? ah ! mon Dieu !

LA GLU s'approchant.

Il nous assomme, ton ivrogne ! Laisse-le donc tranquille.

MARIE-PIERRE.

Si tu le voyais, le pauvre vieux ! Il fait de la peine, va, (Il l'amène à la balustrade.) Tiens, regarde !

GILLIOURY.

Ah ! ma bonne dame.....

LA GLU, riant.

Peuh ! il est propre, ton ami. Il est soûl. Veux-tu bien te taire, vieux pochard ! Eh, qu'il crève donc !

MARIE-DES-ANGES à part.

Oh ! la sans-cœur !

LA GLU à Marie-Pierre.

Et toi, mon petit, tâche de rentrer, et plus vite que ça. Allons, oh ! assez.

(Marie-Pierre revient vers la fenêtre.)

GILLIOURY.

Mon doux Marie-Pierre, ne sois pas méchant comme ça. Viens me serrer la main. Viens me dire quelque chose.

MARIE-PIERRE.

Je ne peux pas..... Je ne veux pas !

(La Glu et lui vont rentrer. Soudain Marie-des-Anges sort de sa cachette les poings crispés et tendus vers le couple.)

MARIE-DES-ANGES.

Ah ! tu ne veux pas....

MARIE-PIERRE, se détachant de la Glu et reculant au bout de la terrasse.

Ma mère !

LA GLU, s'asseyant sur le rebord de la balustrade.

Tableau ! Ca va être drôle.

MARIE-DES-ANGES.

Ah ! tu ne veux pas ! Tu n'entends plus la voix des amis, ni celle de ta mère non plus, sans doute, n'est-ce pas ? Et si je te disais, moi, de venir, de descendre, tu me répondrais non, aussi ? Ah ! mais, tu n'es donc pas mon fils, Marie-Pierre ? Elle t'a donc mangé l'âme, la gueuse !

GILLIOURY, qui s'est relevé, prenant la main de Marie-des-Anges.

La mère, vous m'aviez promis.....

MARIE-DES-ANGES.

Ah ! je n'ai pas pu y tenir plus longtemps. Le voir, lui, mon gas, obéir à cette femme comme un chien. Non, ce n'est pas croyable ! Ce n'est pas possible. Marie-Pierre, descends.

(Marie-Pierre reste immobile, la tête dans les mains.)

LA GLU.

C'est étonnant, comme il vous écoute. (A Marie-Pierre.) Eh bien, tu ne descends pas ? Va donc. (Il fait un mouvement). (Bas). Mais tu ne reviendras pas, tu sais.

MARIE-DES-ANGES.

Oh ! oui, madame, dites lui de m'écouter. Là, je ne lui en veux pas. Ni à vous non plus. J'avais tort de crier, j'avais tort. Vous n'êtes pas méchante, n'est-ce pas ? Et il est si bon, lui ! Voyons, mon petit gas, tu m'entends bien. Descends. Viens m'embrasser. Elle le veut bien.

GILLIOURY, à Marie-Pierre qui a remis sa tête dans ses mains, et qui tourne le dos.

Quoi ! tu ne bouges pas. Tu n'entends donc pas ta mère ?

MARIE-DES-ANGES.

Mon gas, mon p'tit gas, regarde-moi un peu seulement.

MARIE-PIERRE.

Je ne peux pas.... Je ne veux pas.

LA GLU, à Marie-des-Anges.

Avez-vous fini votre comédie ?

MARIE-DES-ANGES.

Harné ! non, je n'ai pas fini. Je ne fais même que commencer. Et puisque c'est comme ça, et qu'il n'entend rien, et que vous vous moquez du pauvre monde, vous, eh bien ! je dirai tout ce que j'ai sur le cœur : et que vous faites là un vilain métier, madame la voleuse d'enfants, d'aller mettre des folies pareilles au sang d'un pauvre gas si brave, si bon travailleur ; et que c'est une honte de l'avoir ainsi acoquiné à vos jupes ; et que je sais tout, vous entendez bien, tout, vos couranderies dans les roches, vos embrassades au bord de la mé. Car on vous y a vus ensemble, et on me l'a dit. Car ce n'est pas seulement ici, en cachette, que vous avez commis le péché ; ce n'est pas seulement à la mode des chrétiens qui fautent ; c'est en plein air, à la mode des bêtes de nuit, sous l'œil des saints anges qui vous regardaient de là-haut par le trou des étoiles !

LA GLU.

Elle est folle ! Elle a bu aussi.

GILLIOURY.

Oh ! le mauvais gas ! Crapaud de marais, va, cœur de morgate, tu la laisses injurier ta mère !

MARIE-DES-ANGES.

Ah ! il en fera bien d'autres encore, sans doute, damné comme il est. C'est à sa perdition qu'il va, oubliant sa mère, oubliant son salut, oubliant tout. Et pourquoi, harné ! pourquoi ? Pour qui ? Pour une coquine d'étrangère, une Kourigane de malheur, une sorcière enragée. Et pas même belle fille, pour tout dire ! Mais chiffe et vioque, maigrichonne et laideron, toute en fanfreluches de soie, avec rien dedans, ni cœur ni chair, marchande de vice et de péché mortel, et les restes de tout le monde !

LA GLU.

Tu entends ce qu'elle dit, Marie-Pierre? Tu entends ? Elle m'insulte.

MARIE-PIERRE, voulant l'embrasser.

Je t'aime.

LA GLU.

Mais, réponds-lui, réponds-lui donc?

MARIE-PIERRE tenant la Glu par la main.

Ah ! ma mère, allez-vous-en, allez-vous-en ! Vous voyez bien que je prends du bon temps et que je suis bien aise.

LA GLU, éclatant de rire.

Ah! Ah! Ah!

MARIE-DES-ANGES, ramassant des galets et les leur jetant,

Ah ! gueuse ! ah ! brigand !

LA GLU, blessée, à Marie-Pierre.

Ah ! elle m'a fait mal ! Défends-moi !

MARIE-PIERRE.

Allez-vous-en, ma mère, allez-vous-en, je vous dis ! C'est trop. Allez-vous-en, ou bien......

(Il prend et lève à deux mains un pot de fleurs).

MARIE-DES-ANGES, reculant effarée.

Oh! non, ne fais pas ça, Marie-Pierre! Ne lève pas la main sur moi. C'est un sacrilège. Ça te porterait malheur. J'aime mieux céder. Ne fais pas ça. Je m'en vais.... Je m'en vais..... Je m'en vais.

(Marie-Pierre, qui a lâché le pot de fleurs au mot de *Sacrilège*, tombe anéanti, assi sur la balustrade, tandis que Marie-des Anges se sauve épouvantée.)

Rideau.

ACTE II

Un salon dans le châlet de la baie des Bonnes-Femmes. Au premier plan, à gauche et à droite, portes. Au fond, d'un côté, grande porte à deux battants : de l'autre, large fenêtre-vérandah donnant sur la mer. Tables, fauteuils, etc. Sur une console, près de la fenêtre, une boite de petits revolvers. Un plateau avec du madère, des cigarettes. Une chaise-longue. Par la fenêtre, on voit les vagues agitées, le temps gris et brumeux.

SCÈNE I.

LA GLU, MARIETTE.

Au lever du rideau, la Glu est nonchalamment étendue sur la chaise-longue, et bâille avec un air ennuyé. Mariette est à la vérandah, en train de vaquer à des soins de ménage.

LA GLU.

Il fait toujours aussi mauvais temps, Mariette?

MARIETTE.

Oui, madame. Le ciel se couvre de plus en plus. Je crois bien qu'il va pleuvoir.

LA GLU.

Ah ! tant mieux ! Ça me détendra un peu les nerfs. Je ne sais pas ce que j'ai aujourd'hui. Je suis toute..... brisée.

MARIETTE, avec un sourire égrillard.

Dame !

LA GLU.

Peuh ! Mais, dis-moi, le petit, es-tu montée regarder ce qu'il fait ? Est-il toujours souffrant ?

MARIETTE.

Oh ! il dort, madame, il dort. Et c'est ce qu'il a de mieux à faire. Aussi, il s'en paie, allez.

LA GLU.

Ah ! il a bien de la chance ! (Elle se lève et va à la fenêtre). Si je tirais une mouette, pour le réveiller. (Elle tire un coup de revolver.)

MARIETTE.

Ce n'est pas même ça qui le réveillera.

LA GLU.

Alors ce n'était pas la peine. (Elle se rassied.) Oh ! que je m'ennuie !

MARIETTE.

Je comprends ça, madame. Je ne m'amuse pas non plus, moi. Ce n'est pas gai ici. Une drôle d'idée qu'a eue madame, de venir s'enterrer au bord de la mer, en plein mois de mars. Enfin, chacun son goût !

LA GLU.

Dieu ! que tu es bête, ma pauvre fille ! Verse-moi un verre de madère, va. Alors, tu crois que c'est pour mon plaisir que je suis ici ?

MARIETTE.

Ben, il me semble.

LA GLU.

Quoi ? Le gas ! Une distraction, pour passer le temps. Mais tu penses bien que je n'étais pas venue au Croisic exprès pour ça. C'est un hasard, si j'ai rencontré ce petit. Il m'a plu, je ne dis pas non.

MARIETTE s'asseyant en face d'elle.

Ah ! ça, oui, et même joliment.

LA GLU.

Joliment, si tu veux. Il a je ne sais quoi de rude, de sauvage, de mâle enfin. Ça me change un peu de tous les Adelphes qui m'assomment à Paris.

MARIETTE.

Oui, mais pendant ce temps-là, vous ne savez pas ce qu'il devient, monsieur Adelphe. Il avait cependant du bon, entre nous. Lui, et surtout son oncle à héritage.

LA GLU.

Fais donc la maline, va ! Donne-moi des conseils. Tu me fais rire, tiens ! Mais, imbécile, c'est justement pour l'oncle que je suis venue ici.

MARIETTE.

Ah ! bah !

LA GLU.

Pauvre vieux ! Il a voulu couper les vivres à Adelphe. Eh bien ! Je suis venue les chercher moi-même, les vivres, et c'est lui qui me les donnera.

MARIETTE.

Lui ? Comment cela ?

LA GLU.

Voyons, tu me prends donc pour une autre, à la fin ! Tu ne me connais donc pas, depuis quatre ans que tu es avec moi ? Alors, tu n'as pas encore deviné que le vieux chasseur de mouettes.....

MARIETTE.

C'est l'oncle de monsieur Adelphe ?

LA GLU.

Le grand oncle !.. Plus vieux qu'un oncle.

MARIETTE, se levant.

Ah ! ça, c'est vraiment fort. Ainsi, pendant que monsieur Adelphe se morfond, là-bas, à Paris..... Oh ! non, c'est drôle. C'est fort. C'est épatant.

LA GLU.

Et je le tiens, l'oncle. Il est pris. Quand je voudrai ! Il a deux cent mille francs de rente, tu sais. Et un comte, un vrai comte. Et veuf !..... Ah ! quel malheur que je ne puisse plus me marier. Je ne suis pas veuve, moi. Est-ce bête, ça ! Comtesse de Kernan des Ribiers, en voilà une position ! Enfin, à défaut du nom, il y a toujours la fortune à voir venir. Et je ne te dis que çà, ma petite Mariette.

MARIETTE.

Oui, mais, pardon, madame, et le gas, qu'est-ce que vous en faites, là-dedans ? Il va vous gêner, il me semble. C'est une bêtise, ça.

LA GLU.

Mais, non, voyons. Est-ce que je fais jamais des bêtises ? Tout me sert, à moi, même les folies, surtout les folies. Eh bien ! le gas, quoi ? Il rendra le comte jaloux, plus amoureux, plus faible. Il n'y a rien de tel pour faire perdre la tête à un homme, à un vieillard.

MARIETTE.

Bon, bon. Mais madame avouera tout de même qu'elle y a été un peu du sien, avec le gas. Parole, je vous ai bien crue empoignée un moment. Et puis, s'il ne s'agissait que de rendre monsieur le comte jaloux, il n'y avait peut-être pas besoin d'empaumer le gas tant que ça. Vrai, madame l'a traité en millionnaire !

LA GLU.

Bah ! il me plaît. Ça m'amuse. Et puis, quoi ! il ne faut pas perdre les bonnes habitudes.

(*A ce moment on sonne.*)

MARIETTE, *allant voir à la fenêtre.*

Madame, c'est monsieur le comte.

LA GLU.

Eh bien ! va lui ouvrir, et fais le venir ici. Tu monteras ensuite et tu enfermeras le gas à clef.

MARIETTE.

Oui, madame. Oh! d'ailleurs, il dort!...

LA GLU.

Çà ne fait rien. Il faut prendre toutes ses précautions. Va.

(Mariette sort.)

SCÈNE II.

LA GLU, seule, puis MARIETTE.

(Elle arrange un peu ses frisettes et se pomponne de poudre de riz, devant une petite glace à main.)

LA GLU.

Là, voyons, suis-je en beauté? Oui, assez. Ah! cette mèche! toujours sur le nez. Eh bien! elle ne va pas mal. Un air ébouriffé, gamin. Les yeux un peu battus. Tant mieux! Il n'y a pas de maquillage qui vaille ça.

(Elle s'assied sur la chaise longue, presque couchée, la robe en plis savamment froissés.)

Là, me voilà sous les armes. C'est curieux, je ne m'ennuie plus, maintenant.

MARIETTE, ouvrant la porte à Kernan.

Monsieur le comte.

(Mariette sort.)

SCÈNE III.

LA GLU, le comte de KERNAN.

KERNAN en toilette de ville, salue.

Madame.

LA GLU.

Bonjour, cher. Tiens, vous ne me baisez point la main aujourd'hui. Asseyez-vous donc... (Elle lui fait place auprès d'elle. Il s'assied sur une chaise éloignée.) Comment?... Là!... Ah! ça qu'est-ce qu'il y a, voyons. Vous avez un air grave, cérémonieux. Ça ne vous va pas du tout, vous savez. On dirait que vous me faites la mine. Vous m'en voulez ?

KERNAN.

Oui, madame, oui. C'est-à-dire non... Enfin!... et tenez, je n'ai pas l'art de dissimuler, moi; j'aime mieux vous parler franchement. Je sais tout, Madame, on m'a tout dit.

LA GLU.

Ah! bah! l'on vous a tout dit? Eh bien! racontez-moi donc ce qu'on vous a dit..... Ça me distraira.

KERNAN.

Ah! Madame, c'est trop me narguer vraiment. Je vous le répète, je sais tout. Ce gas du pays, enfin, ce.....

LA GLU.

Ta, ta, ta, une scène, à présent? Mais pardon, mon cher, vous n'en avez pas encore le droit.

KERNAN.

Vous avez raison, madame, et j'aurais dû ne pas venir; permettez-moi..... (Il se lève pour s'en aller.)

LA GLU.

Mais non, mon cher, restez donc là, puisque vous y êtes. J'ai à vous parler, moi.

KERNAN, s'apprêtant à se rasseoir.

Alors, madame, c'est différent.

LA GLU, faisant place sur sa chaise longue.

Non, non, pas là-bas. Ici, près de moi. Ce n'est pas pour vous faire une scène, moi, que je vous retiens. C'est au contraire une chose agréable, ce que j'ai à vous dire. Allons, venez ici, monsieur le boudeur.

KERNAN, s'asseyant près d'elle.

Vraiment, madame, cette coquetterie.....

LA GLU.

Mais ce n'est pas de la coquetterie. Ecoutez-moi donc. Savez-vous à quoi je pensais, avant votre arrivée ?

KERNAN, encore piqué.

Non, madame, non.

LA GLU.

Eh bien ! je pensais que c'est triste ici, qu'on s'y ennuie fort. Il paraît que nous allons avoir de la pluie pendant une semaine. Et puis, toujours cette mer, cette plage ! C'est monotone. J'ai envie de voir des rues, du monde qui passe. J'ai envie de voir des magasins, un restaurant, un théâtre, je ne sais pas, du gaz allumé, du bruit, de la vie, quelque chose enfin !

KERNAN.

Je ne saisis pas bien le rapport d'idées.....

LA GLU.

Laissez-moi donc finir. Alors, vous comprenez, je pensais à Paris, aux premières, à mes amis qui s'amusent là-bas.

KERNAN, ému.

Vous voulez partir, peut-être ?

LA GLU.

Pas précisément. Oui et non. Partir sans partir. Au fond, j'ai besoin de rester ici, pour ma santé.

KERNAN.

Vous êtes souffrante ?

LA GLU.

Un peu. La fatigue de l'hiver ! Ici, c'est la paix, la solitude. Mais, comme je vous le disais, cette solitude me pèse. Alors, à défaut de Paris, je songeais à aller me distraire deux ou trois jours à Nantes. Il paraît que c'est une ville très gaie.

KERNAN.

Oui, oui, un petit Paris.

LA GLU.

Seulement, quoi! toute seule, ce n'est pas bien agréable. Et savez-vous le projet que je faisais en rêvassant ?

KERNAN.

Non, je ne devine pas.

LA GLU.

Que si, que vous devinez ! Vilain méchant, allez, qui arrivez ici avec des idées de l'autre monde, quand moi, j'avais à votre égard des idées toutes souriantes, toutes gracieuses, Ah ! vous êtes bien ingrat, mon cher. (Elle se lève.)

KERNAN, la faisant rasseoir.

Comment, vraiment, madame, vous aviez pensé à moi pour.....

LA GLU.

Pour m'accompagner, oui.

KERNAN.

Oh ! que vous êtes aimable !

LA GLU.

Mais vous comprenez, maintenant, après ce que vous m'avez dit ! Dès l'instant que vous en êtes à écouter les cancans que l'on peut faire sur mon compte. Il n'y faut plus songer, mon cher.

KERNAN.

Oh ! si, si. Pardonnez-moi. J'avais tort. Mais c'est qu'aussi, vous sentez bien, on m'avait affirmé la chose. Et alors.... l'amour-propre, la jalousie.

LA GLU.

Et jaloux de qui encore ? D'un enfant, d'un pêcheur ! Fi ! que c'est vilain !

KERNAN.

Oui, oui, c'est absurde. J'avais tort. Vous me pardonnez, n'est-ce pas ?

LA GLU.

Nous verrons.

KERNAN.

Mais vous ne renoncez pas à l'idée de ce petit voyage ? Oh ! dites-moi que vous n'y renoncez pas.

LA GLU.

Eh bien ! non. Vous voyez, je suis meilleure que vous. Je n'y renonce pas.

KERNAN.

Et quand partons-nous ?

LA GLU.

Mais, c'est tout de suite que je veux partir.

KERNAN, très galant.

Tout de suite ? Mais je vais tout préparer.

LA GLU.

Alors c'est entendu : venez me prendre au bourg de Batz avec votre voiture. Je vous y attendrai.

KERNAN.

J'y serai avant vous, soyez tranquille ; vous ne m'attendrez pas.

LA GLU.

Allez, allez vite.

KERNAN.

Oui, oui, j'y cours... Et pourtant ne suis-je pas fou de vous croire aussi aveuglément, coquette ! Parce qu'enfin ce gas...

LA GLU.

Oh! oh! encore! Vous me feriez repentir.

KERNAN.

Eh bien! non, non, n'en parlons plus, pardon! Je suis ridicule. Que voulez-vous? Quand on aime! Et vous savez si je vous aime! (Il la prend par la taille et fait mine de vouloir l'embrasser.)

LA GLU.

Voyons, voyons, finissez, et allez vite! Tout cela, c'est du temps perdu.

KERNAN.

Pas pour moi, sarprejeu! Je joue à qui perd gagne.

(Kernan sort.)

SCÈNE IV.

LA GLU, refermant la porte

LA GLU.

Ouf! Il ne s'en allait plus. Eh! eh! il va bien, le grand oncle! Ah! oui, quel malheur d'être mariée! Est-ce bête, les parents, de vous marier quand on est jeune, et qu'on ne sait rien! Dire que si j'étais libre..... Ah! ne pensons plus à ça. Ce sont des rêves. La réalité avant tout. Les affaires sont les affaires. Et ça, c'en est une. Que ce soit l'un ou l'autre, l'oncle ou le neveu, la caisse y passera. (Elle frappe sur le timbre.) Et s'il y a conflit, eh bien! la scène sera drôle. (Elle refrappe). Ah! ça, voyons, cette Mariette, elle n'entend donc pas? (Elle refrappe, s'impatiente.) Mariette, Mariette!

SCÈNE V.

LA GLU, MARIETTE.

MARIETTE.

Voilà, madame. J'avais été reconduire monsieur le comte ; puis j'étais montée pour voir ce que fait..... monsieur.

LA GLU.

Eh bien ! il dort toujours?

MARIETTE.

Non, madame. Il s'étire. Il bâille. Il se réveille. Je crois qu'il va bientôt descendre.

LA GLU.

Bon. Reste là pour lui dire de m'attendre un peu. Et puis tu viendras me rejoindre dans le cabinet de toilette. Je vais m'habiller.

MARIETTE.

Pour sortir avec lui ?

LA GLU.

Non, je te conterai ça tout à l'heure. Il me semble que je l'entends marcher là-haut. Dis-lui que je reviens.

MARIETTE.

Ah ! pardon, j'ai oublié de dire une chose à madame. Une chose importante !

LA GLU, *sur le pas de la porte de droite.*

Quoi donc?

MARIETTE.

Je ne sais pas si je me trompe ; mais je crois bien avoir

vu par là, dans les environs, la vieille et le bonhomme de cette nuit. Ils ont l'air de monter la garde, derrière les roches.

LA GLU.

(Avec étonnement.) Ah !... (Avec joie.) Ah ! tant mieux, par exemple ! C'est ça qui tombe bien.

MARIETTE.

Comment ça, madame ! J'aurais cru au contraire.......

LA GLU.

Mais non, mais non. C'est parfait. Je t'expliquerai. Le voilà qui descend. (Elle sort.)

MARIETTE.

Quelle femme ! Elle vous a des idées !

SCÈNE VI.

MARIETTE, MARIE-PIERRE.

MARIE-PIERRE, la marche lourde.

Ah ! que j'ai mal à la tête ! (Il s'étire et frissonne.) Comme il fait froid ! (Il s'assied pesamment.) Quelle heure est-il, Mariette ?

MARIETTE.

Trois heures de l'après-midi, monsieur.

MARIE-PIERRE, se levant.

Trois heures de l'après-midi ! Allons donc ! je ne sais plus comment je vis maintenant. Je dors. Je ne dors pas. Je me lève quand le soleil va se coucher. Quelle existence, tout de même !..... Et elle ? où est-elle ?

MARIETTE.

Qui ? Madame ?

MARIE-PIERRE.

Oui.

MARIETTE.

Elle s'habille et il faut même que j'aille l'aider. Elle fait dire à monsieur qu'elle revient tout de suite.

MARIE-PIERRE, se rasseyant.

Ah! Est-ce que nous allons sortir? Je suis bien las.

MARIETTE.

Je ne sais pas. Je crois que c'est madame seule, qui va sortir. Elle a une course à faire.

MARIE-PIERRE, à part.

Ah! tant mieux!

MARIETTE.

Avant que je n'aille trouver madame, si monsieur a besoin de quelque chose.

MARIE-PIERRE.

Oui, j'ai faim.

MARIETTE.

Monsieur veut-il une tasse de chocolat, ou un consommé froid avec un bon verre de bordeaux?

MARIE-PIERRE.

Non, non. Apportez-moi..... un quignon de pain, avec une bolée de cidre. J'ai une soif!

MARIETTE.

Bien, monsieur. J'y vais. Dans une minute! (Elle sort.)

SCÈNE VII.

MARIE-PIERRE seul, puis MARIETTE

MARIE-PIERRE.

Ah! comme j'ai la tête lourde. Et les jambes molles! On dirait que j'ai bu. Et pourtant j'ai l'estomac creux. Il me semble que je n'ai rien mangé depuis deux jours.

MARIETTE, rentrant.

Voici, monsieur. (Elle pose l'assiette et la carafe de cidre sur une table devant lui. J'ai apporté aussi un couteau pour monsieur.

MARIE-PIERRE, tirant son couteau de sa poche.

Non, j'ai le mien ; ceux d'ici ne coupent pas.

MARIETTE.

Ah! celui de monsieur, à la bonne heure! Un vrai rasoir!

MARIE-PIERRE.

Bouh ! qu'il est mauvais, ce pain-là! C'est du pain de la ville! Ça sent la chiffe, ça vous empâte la bouche.

MARIETTE.

Monsieur a sans doute l'habitude de manger de la brioche?

MARIE-PIERRE, après avoir bu à grands traits.

Ah! que j'avais soif!

MARIETTE.

Monsieur n'a plus besoin de moi ?

MARIE-PIERRE.

Non.

MARIETTE.

Alors je vais finir d'habiller madame.

MARIE-PIERRE.

Oui.

MARIETTE.

Oui! Non! Est-il poli, hein! ça fait peur..... Faut-il verser encore un verre de cidre à monsieur?

MARIE-PIERRE.

Non. Il n'est pas bon non plus, votre cidre. Il n'y a que de l'eau; il ne fleure pas la pomme.

MARIETTE.

Eh bien! je lui conseille de se plaindre. Pour ce qu'il donne de pourboire. (Elle sort.)

SCÈNE VIII.

MARIE-PIERRE, seul.

MARIE-PIERRE.

Ah! cette porte qui est ouverte; c'est pour ça que j'avais froid. (Il se lève pour aller fermer la porte-fenêtre de la vérandah.) Bon Dieu, quel ciel noir! Le vent souffle du suroît; il va pleuvoir bien sûr; c'est un fameux temps pour les homards, ça. On a dû en ramener de beaux aujourd'hui! Et quel souper à la maison! A la bonne heure, le pain et le cidre de chez nous! De la bonne mie grise! on croirait mâcher du blé. Et du cidre jaune, tout en or! c'est comme si on mordait dans une pomme. Ah! les gas vont en boire une fière bolée, ce soir, en rentrant de la besogne. (Il se rassied accablé.) Ont-ils de la chance!

SCÈNE IX.

MARIE-PIERRE, LA GLU.

LA GLU, en toilette de ville, robe courte, étriquée, toquet.

Eh bien! qu'est-ce que me dit Mariette? Ça ne va pas mieux?

MARIE-PIERRE.

Non. J'ai froid, j'ai sommeil.

LA GLU.

Il ne fallait pas te lever.

MARIE-PIERRE.

Je ne peux pourtant pas rester toute la journée le nez sous les couvertures, comme un crapaud sous sa pierre!

LA GLU.

Veux-tu sortir avec moi? Ça te dégourdira les jambes.

MARIE-PIERRE.

Où vas-tu?

LA GLU.

A la poste, au Croisic.

MARIE-PIERRE.

Oh! non, pas par là, pas du côté de chez nous.

LA GLU.

Alors, reste! fais allumer du feu là-haut par Mariette. Veux-tu?

MARIE-PIERRE, distrait et la considérant.

Oui, peut-être bien. Je ne dis pas non.

LA GLU.

Mais qu'est-ce que tu as, à me regarder comme ça du haut en bas ?

MARIE-PIERRE.

C'est ta robe, ton chapeau. Je ne t'avais plus revue habillée comme ça, depuis le premier jour où je t'ai rencontrée. Hein ! te rappelles-tu ce jour-là ? (Il s'accroupit sur la chaise longue, rêveur.)

LA GLU, toute droite devant lui.

Je crois bien. Tu m'as fait une peur ! J'étais là, tranquillement assise en haut d'une roche, à guetter des mouettes, et tout à coup je te vois sortir de dessous la roche, à quatre pattes. Tu courais après un énorme crabe. Vous aviez l'air de deux bêtes qui vont se battre. Tu étais ramassé sur toi-même, pieds nus, la main sanglante, la tignasse ébouriffée. Je n'avais jamais vu d'homme comme ça, moi. Mon premier cri a été pour dire : — Oh ! le monstre !

MARIE-PIERRE.

Et alors je me suis redressé, et je t'ai vue, là-haut. Tu t'étais levée toute droite. Le vent te collait ta robe sur le corps. Et tu m'as parue maigre, maigre. Un rien du tout sur le grand ciel. Tu avais l'air d'une mouche de marais que la brise va emporter. Et ma première impression, comme la tienne, a été mauvaise. Moi aussi, je me suis écrié : — Oh ! le monstre !

LA GLU.

Est-ce drôle, hein ? Et dire qu'après, nous nous sommes plu.

MARIE-PIERRE.

Oui, c'est drôle,

LA GLU.

Eh bien ! il y a une chose encore plus drôle.

MARIE-PIERRE.

Quoi donc ?

LA GLU.

C'est qu'à certains moments, tiens ! par exemple, en ce moment-ci, ma première impression me revient, à moi. Tu me fais peur. Il me semble que tu as l'air d'une brute. Je te trouve laid.

MARIE-PIERRE, se reculant d'elle et la considérant.

Eh bien ! veux-tu que je te dise ? A moi aussi, des fois, ça me revient. Je ne comprends pas avec quoi tu m'as ensorcelé. Mais quand j'y réfléchis, quand je te vois là, comme ça, dans cette espèce de fourreau, avec ce bonnet de garçon !.... Sais-tu que tu n'es pas une belle femme, après tout ?

LA GLU.

Je le sais bien. Je suis mieux que ça.

MARIE-PIERRE, la prenant sur ses genoux et l'embrassant avec frénésie.

Ah ! oui, car je t'aime pourtant, je t'aime !

LA GLU.

Voyons, tu me fais mal !.... Et puis tu froisses mes manchettes ! Tu me décoiffes. (Elle se dégage et le repousse.)

MARIE-PIERRE, se levant.

Je t'aime, c'est vrai, je t'aime. Et puis, je ne t'aime plus. Je ne sais pas ce que j'ai. (Il retombe assis sur un fauteuil.)

LA GLU.

Tu as besoin de rester seul un peu, voilà tout. Allons, au revoir, je suis pressée. (Elle lui prend la tête et l'embrasse.) Au revoir, monstre !

(Marie-Pierre demeure anéanti sur le fauteuil. — Elle sort.)

SCÈNE X.

MARIE-PIERRE.

MARIE-PIERRE, il va à la fenêtre et la regarde partir.

C'est vrai. Il y a des instants où je la trouve vilaine. Je n'y comprends rien. (Il revient.) Quel âge peut-elle bien avoir? Ah! les filles du pays ne sont pas bâties comme ça. (Il se rassied.) Tout de même, elle est gentille, Naïk ! Et bonne ménagère, en plus. Dame! c'est l'ancienne qui l'a éduquée. Et elle s'y entend, l'ancienne. Pauvre maman! Qu'est-ce qu'ils peuvent bien faire, à la maison? Il y aura ce soir quatre jours que je ne suis pas rentré. Et les casiers à homards, qui est-ce qui les a relevés à ma place? Probablement le père Gillioury. Pauvre vieux! J'aimerais bien boire un verre de cidre avec lui. Dieu! que j'ai donc la tête lourde!.... j'ai cependant assez dormi tantôt. J'ai encore sommeil. (Il bâille) Ah!.... (Il s'allonge.) Un bon temps pour les homards!.... Mon brave Gillioury!.... Maman!.... maman! (Il s'endort, couché sur la chaise longue.)

SCÈNE XI.

MARIE-PIERRE, MARIETTE.

MARIETTE, entrant.

Tiens! Où est-il donc?.... Monsieur!.... (L'apercevant.) Ah! il dort. Encore! (Faisant mine de venir le réveiller.) Et puis, ma foi! non. Il vaut mieux que ce soit le bonhomme qui le réveille. Ça lui fera plus d'effet. Mais quelle diable d'idée a eue madame! — Va les chercher après mon départ, m'a-t-elle dit. Et amène-les. Et puis tu lui annonceras.....—Si elle croit qu'il va prendre la chose en douceur! Enfin, ça la regarde. Et puis, ils s'arrangeront comme ils voudront. Ah! le malheureux! il ne se doute pas de tout ça. Quel réveil! Décidément, j'aime mieux ne pas être toute seule pour y assister.

(Elle sort.)

SCÈNE XII.

MARIE-PIERRE, GILLIOURY.

MARIETTE, introduisant Gillioury.

Là, sur la chaise longue. Il dort.

GILLIOURY.

Bon. Je vas l'aborder. Laissez-moi faire. Le cap au nord, et largue tout. En douceur, moi, vous allez voir ça, en douceur!

(Il va vers Marie-Pierre et le frappe brusquement sur l'épaule.)

MARIE-PIERRE, en sursaut.

Hein! quoi? c'est toi, Gillioury. Il est l'heure d'embarquer? (Il se lève tout à fait.) Mais non, je rêve. Tiens! je me croyais chez nous. Comment se fait-il que tu es ici?

GILLIOURY.

Eh bien! je suis venu te voir, donc! Et justement, pour t'emmener chez vous.

MARIE-PIERRE.

Mariette, pourquoi l'avez-vous laissé entrer?

MARIETTE.

Parce que madame me l'a dit, monsieur.

MARIE-PIERRE.

Comment, madame vous l'a dit? Mais puisqu'elle va revenir.

MARIETTE.

Oh! pas de si tôt, monsieur,

GILLIOURY.

Non, pas de si tôt, mon gas.

MARIE-PIERRE.

Elle est allée au Croisic.

MARIETTE.

Elle partie pour Nantes, monsieur. Elle doit y rester une huitaine de jours. Et alors.....

MARIE-PIERRE.

Ce n'est pas vrai. Vous mentez. Partie! partie! pour huit jours! Quand tout à l'heure, là encore.. .. Ah! mais non, mais non. Vous mentez! Elle me l'aurait dit.

GILLIOURY.

Elle a pensé que ça te ferait de la peine, tu comprends.

MARIETTE.

Oui, c'est cela, monsieur..... Et alors elle préfère que pendant ce temps-là, monsieur aille se reposer un peu chez lui.

MARIE-PIERRE.

A Nantes! A Nantes! (Il se précipite vers la porte.) J'y vais aussi; je veux la rejoindre.

GILLIOURY, l'empoignant par le bras.

Tu es fou.

MARIE-PIERRE.

Eh! laisse-moi y aller!

GILLIOURY, se plantant devant lui.

Harné, non! quand nous devrions nous coller un coup de gaffe. D'ailleurs, quoi? tu ne la rattraperas pas. Elle file en voiture, vent arrière. Tu es fou!

MARIETTE.

Et puis, enfin, monsieur, il faut réfléchir un peu. Madame a autre chose à faire que de dire des bêtises toute la journée. Vous pensez bien que ce n'est pas pour s'amuser qu'elle est partie à Nantes. Madame y a des intérêts, vous comprenez. C'est bon de rire. Mais il faut vivre, aussi. Ce n'est pas avec ce que monsieur gagne.....

MARIE-PIERRE.

Assez assez! je comprends. Tu as raison, Gillioury, je ne peux pas courir après elle. (Il s'assied, atterré.)

GILLIOURY.

C't'évident, çà, c't'évident. C'est bien, là, du gas, c'est bien. Te v'là raisonnable. (Bas à Mariette.) Allez donc toujours fermer la porte d'entrée. Ça sera plus sûr.

MARIETTE.

Parfaitement. (Elle sort.)

SCÈNE XIII.

MARIE-PIERRE, GILLIOURY.

(Pendant cette scène l'orage imminent éclate peu à peu.

GILLIOURY.

Eh bien! tu ne vas pas rester ici, j'espère, pendant ces huit jours-là? Allons, il faut revenir avec moi. (Le gas fait comme un geste d'horreur.) C'est donc si pénible que ça de retourner à la maison? Ça ne te ferait donc pas plaisir de la revoir et de revoir les amis? Tu sais bien que maître Nicolas, ton petit merle, dépérit depuis que tu n'es plus là. Il est tout triste, lui qui sublait si dru les refrains du gaillard d'avant.

Jusqu'au revoir, mes petites belles.
Dimanche prochain nous y reviendrons.
Tâchez moyen de rester fidèles.
Et nous tâcherons d'être bons garçons.

Tu n'aimerais donc pas lui entendre encore chanter ça, en battant des ailes et frisant de la queue ? Il est si amusant, le particulier.

MARIE-PIERRE.

Oui, oui. C'est moi qui l'ai élevé, le mauviard.

GILLIOURY.

Et la petite Naïk, tu crois qu'elle n'a pas de chagrin de ne plus te servir à table, de ne plus t'apporter le boujaron avec un demi-quart de raide, pour digérer la soupe de poisson aux six herbes. Ah ! en voilà une fière soupe, qui vous goudronne la gargarousse. Ce n'est pas ici qu'on t'en fait, des soupes comme ça !

MARIE-PIERRE.

Non, en effet.

GILLIOURY.

Et c'est la petite Naïk qui sait vous la mitonner, hein ? Il n'y a pas sa pareille pour vous en calfater une écuelle. Ça fume, ça sent bon, ça ravigote, qu'un amiral s'en relècherait les babouines, et qu'on en mangerait sur la calebasse d'un teigneux.

MARIE-PIERRE.

Ah ! mon vieux Gillioury, va ! tu as toujours le mot pour rire, toi.

GILLIOURY.

Et pourquoi donc que je ne l'aurais pas ? Je suis content, vois-tu, à c't' heure. Je vas te ramener à quai, mon garçon, et tu seras vite radoubé avec une assiettée de ça, bien chaude, avalée en chantant auprès des amis. Car il y en a ce soir, tu sais, de la soupe aux six herbes. Et de la fameuse, encore, à ton intention.

MARIE-PIERRE.

Mais je ne ne peux pas retourner à la maison, Gillioury, je ne peux pas.

GILLIOURY.

Pourquoi donc?

MARIE-PIERRE.

Et mon ancienne?

GILLIOURY.

Ah! la pauvre vieille! C'est elle au contraire, qui va être heureuse. Si tu savais comme elle a pleuré, comme elle avait le cœur en détresse.

MARIE-PIERRE.

Justement. Quand je pense au mal que je lui ai fait.

GILLIOURY.

Mais elle ne t'en veut pas, elle, du mal! Eh bien! quoi, tu as dérapé de la maison. Tu as tiré une bordée. Ce n'est pas une affaire, après tout. Quel est le gas qui n'a pas ça à se reprocher? Tu connais bien la chanson :

Not' gas a fait la chose,
Fleur de lilas, bouton de rose,
Not' gas n'en mourra pas,
Bouton de rose, fleur de lilas,
Bouton de rose!

MARIE-PIERRE.

Ah! malheureux! j'ai levé la main sur elle, tu le sais bien. Non, non, elle a dû me maudire! Et jamais je n'oserai la regarder en face. Je ne peux pas y retourner, que je te dis, je ne peux pas.

GILLIOURY.

Est-ce que ce n'est pas ta mère, voyons? Est-ce qu'une mère garde rancune de quelque chose à son fils? Ah! Dieu de Dieu, va! Quel innocent tu fais! Mais elle ne te laisserait seulement pas le temps de lui demander pardon. Elle t'embrasserait d'abord, avant tout, et puis elle t'embrasserait encore, et tu n'aurais rien à lui dire, rien, et ce serait fini.

MARIE-PIERRE.

Tu crois?

GILLIOURY.

J'en suis sûr. (Il va vers la porte.) Et la preuve, tiens !

MARIE-PIERRE.

Elle est là ?

GILLIOURY, ouvrant la porte.

Eh ! la mère !

MARIE-PIERRE, se cachant la tête dans ses mains.

Oh ! j'ai peur, j'ai peur !

SCÈNE XIV.

LES MÊMES, MARIE-DES-ANGES.

Marie-des-Anges entre tout à coup, les bras ouverts.

MARIE-PIERRE, se jetant dans ses bras.

Maman, maman !

MARIE-DES-ANGES.

Mon gas ! mon pau' petit gas ! (Elle l'embrasse longuement puis le considère.) Il me semble que tu es de retour comme après un long voyage. Ah ! mon pau' petit, va ! Viens, que je t'embrasse encore.

GILLIOURY.

Tu vois bien, qu'est-ce que je te disais !

MARIE-DES-ANGES.

Allons nous-en d'ici, mon gas, vite, vite.

MARIE-PIERRE.

Oui, maman, oui.

GILLIOURY, allant à la fenêtre.

Vous savez qu'il pleut dru.

MARIE-DES-ANGES.

Ah! qu'est-ce que ça fait? Je le couvrirai de ma mante, comme ça, (Elle l'enveloppe en l'embrassant.) comme quand il il était tout petit; et il ne sera pas mouillé et il n'aura pas froid, là, tout près de mon cœur, le pau' petit! Allons nous-en, allons nous-en. (Elle l'entraine vers la porte.)

MARIE-PIERRE.

Oui, ma mère, oui, allons nous-en.

GILLIOURY.

Eh bien! à la bonne heure! Vous voilà heureux, gentils. Toutes voiles dehors! Il ne vous manque que d'être pavoisés, et on dirait une épousaille. Parbleu! je vas vous faire la conduite, comme un violoneux. (Il amène son banjo sous ses mains.) Et mon banjo et moi nous ferons plus de bruit que l'orage, harné! (Il râcle frénétiquement l'instrument, et esquisse un pas de danse, en chantant pendant qu'ils sortent.)

Nous allons rentrer chez nous
Riguédi gué di rigué di guédou!
Nous allons rentrer chez nous.
Bras dessus, bras dessous.

Rideau.

ACTE III

Une place au Croisic. — A gauche, la maison de Marie-des-Anges, avec arcades basses, premier étage surplombant. Aux fenêtres, ainsi qu'à toutes celles du décor sauf le cabaret, des filets pendus. Près de la porte, des filets et cordages roulés, des paniers. Des bancs autour des piliers. — A droite, un cabaret. Tables et chaises dehors. — Au fond, des maisons, des ruelles. Par l'enfilade d'une rue, on aperçoit le port avec des bateaux.

SCÈNE I.

FRANÇOIS, MADELON.

FRANÇOIS, rangeant les chaises et les tables.

Allons, allons, la Madelon, un peu de mouvement ma fille! Nous n'aurons jamais le temps de tout faire. Tu n'as pas encore fini de fringuer les bols ?

MADELON, essuyant des bols devant une table qui en est encombrée.

Dame ! vous voyez, notre maître, je les essuie au soleil, pour que ça sèche plus vite.

FRANÇOIS.

Plus vite ! plus vite ! Ce n'est pas d'aller vite qui te fera maigrir, toi.

MADELON.

Ben, je ne veux pas m'exténuer, non plus.

FRANÇOIS.

Il faudra pourtant te dégourdir, au jour d'aujourd'hui. Tu penses bien que pour la fête des Sardinières, on va en vider, des bolées de cidre !

MADELON.

Ah ! las, oui, mon doux Jésus, et il y aura des pochards ce soir.

FRANÇOIS, se frottant les mains.

Tant mieux !

MADELON.

Dites donc, notre maître, vous qui êtes la trompette du pays, est-ce que vous savez qui est-ce qui sera la reine des Sardinières ?

FRANÇOIS.

Comment veux-tu qu'on le sache ? Elles sont encore en train de se chamailler pour la choisir.

MADELON.

Ah ! vous croyez qu'elles se chamaillent ?

FRANÇOIS.

Bien sûr. Des femmes !

MADELON.

Eh bien ! moi, je ne crois pas. J'ai comme idée qu'elles seront d'accord pour choisir.

FRANÇOIS.

Qui donc ça ?

MADELON.

Ah ! voilà. C'est mon secret ; je le garde pour moi. Parce qu'après, si je m'étais trompée, vous me diriez encore que je ne suis qu'une bête.

FRANÇOIS, lui arrachant un bol des mains.

Oui-dà, tu n'es qu'une bête ; tu ne sais seulement pas essuyer un bol comme il faut. C'est donc essuyé, ça, tiens, regarde !

MADELON.

Ben, essuyez-le vous-même, harné !

SCÈNE II.

LES MÊMES, GILLIOURY, arrivant par le fond.

GILLIOURY.

Voyons, voyons, qu'est-ce qu'il y a? Toujours en bisbille ! Toujours l'un à babord et l'autre à tribord. On dirait que vous êtes déjà mariés !

MADELON.

Plus souvent, mariée ! Avec monsieur travaille-en-criant !

FRANÇOIS.

Ah ! Dieu m'en garde ! avec mam'zelle dort-en-travaillant!

GILLIOURY.

Espérez donc ! Vous n'aurez plus rien à vous dire après la noce.

FRANÇOIS.

Farceur, va ! Veux-tu prendre un verre de cidre en attendant ?

GILLIOURY.

Tout de même. Quoique... aujourd'hui ! Enfin, on en prendra tant dans la journée ! Un de plus, un de moins, n'est-ce pas ?

FRANÇOIS.

Allons, la Madelon, oh ! tu as entendu. Va chercher une carafe. Et du mouvement, ma fille, du mouvement !

MADELON.

On y va, mon Dieu, on y va.

FRANÇOIS.

Rentre donc les bols, pendant que tu y es. Ça te fera une course de moins à faire, nigaude.

MADELON.

Nigaude ! nigaude ! (Elle laisse tomber des bols qui se cassent.)

GILLIOURY.

Allons, bon !

FRANÇOIS.

Sacré.....

MADELON.

Ah ! ne jurez pas ! Ne criez pas ! C'est de votre faute. Voilà ce que c'est que de tant me presser.

GILLIOURY.

Tu aimerais mieux être pressée dans ses bras, hein !

MADELON, en s'en allant.

Ça ne serait pas à faire ; un grognon pareil !

FRANÇOIS.

Eh ben ! et les morceaux, tu les laisses là pour qu'ils repoussent ! (à Gillioury.) Ah ! c'est bon à rien ; mais c'est gentil tout de même.

(Elle sort.)

SCÈNE III.

FRANÇOIS, GILLIOURY, assis.

FRANÇOIS.

Ah ! ça, dis donc, Gillioury ? Et le gas, c'est fini, fini, hein ?

GILLIOURY.

Il paraît.

FRANÇOIS.

Mais fini, là, ce qui s'appelle fini ?

GILLIOURY.

Dame ! tu le vois bien, toi qui demeures en face de chez eux. Il s'est remis au travail. Il est gai comme poinçon. Il n'a plus de grain dans la toile.

FRANÇOIS.

Ah !

GILLIOURY.

Pourquoi fais-tu « Ah ! » comme ça ?

FRANÇOIS.

Parce que, je vas te dire une chose, moi. La particulière est revenue.

GILLIOURY.

Et puis après? Il s'en fiche pas mal, à présent.

FRANÇOIS.

Tu crois ? Tu crois que s'il savait...

GILLIOURY.

Mais il n'y a pas besoin de lui dire.

FRANÇOIS.

Ah!... alors tu penses que si on lui disait.....

GILLIOURY.

Eh! je ne pense rien. Mais enfin, il vaut mieux ne pas lui en parler. C'est plus sage.

FRANÇOIS.

Bien, bien. Ce que j'en dis, c'est entre nous, n'est-ce pas?

GILLIOURY.

Ben sûr.

FRANÇOIS, tapant sur la table avec un bol.

Eh bien! voyons, la Madelon!

SCÈNE IV.

LES MÊMES, MADELON.

MADELON, apportant une carafe et d'autres bols.

Voilà, mon Dieu, voilà! La foire n'est pas sur le pont. (Elle sert et sort.)

(A ce moment on entend la voix du gas qui fredonne.)

Jusqu'au revoir, mes petites belles,
Dimanche prochain nous y reviendrons.

SCÈNE V.

LES MÊMES, MARIE-PIERRE.

MARIE-PIERRE, achevant sa chanson et ramassant des cordages dans un panier.

Tâchez moyen de rester fidèles.
Et nous tâcherons d'être bons garçons.

GILLIOURY.

Tiens, écoute-le. Il n'a pas l'air bien triste, bien chaviré, hein ?

FRANÇOIS.

Ma foi, non !..... Eh ! Marie-Pierre !

MARIE-PIERRE. (Il s'avance.)

Ah ! vous êtes là. Bonjour, François ! Bonjour, Gillioury.

FRANÇOIS.

Une bolée de cidre !

GILLIOURY.

Oui, n'est-ce pas ?

MARIE-PIERRE.

Non, merci. Je n'ai pas soif. Et puis, on boira assez aujourd'hui.

GILLIOURY.

Oh ! ça, oui. Quel branle-bas !

MARIE-PIERRE.

A propos de branle-bas, tu devrais bien me donner un coup de main, Gillioury. J'ai tous ces filins-là à rentrer, et il faut encore que je m'habille.

GILLIOURY.

C'est vrai. Tu es dans les meneux de la ronde, toi. Tu vas te pavoiser en grand tra la la.

MARIE-PIERRE.

Tu penses ! La fête des Sardinières ! L'ancienne l'a été dans son jeune temps, et Naïk en est, à c't'heure. On va sortir les vieux costumes. Il s'agit d'être aussi faraud que les paludiers du Bourg-de-Batz. Allons, viens-tu m'aider?

GILLIOURY.

Parbleu ! (Il vide son bol et passe avec Marie-Pierre de l'autre côté de la scène.)

FRANÇOIS.

Et vous me donnez le bon exemple, vous autres. C'est vrai. Je suis là, que je bavarde, et j'oublie que j'ai du cidre à dépotayer. Au revoir! A tout à l'heure.

GILLIOURY et MARIE-PIERRE.

A tantôt.

FRANÇOIS.

Madelon! eh! la Madelon!

(Il sort en l'appelant.)

SCÈNE VI.

MARIE-PIERRE, GILLIOURY.

(Ils rangent les cordages et les filets dans les paniers.)

MARIE-PIERRE, travaillant.

Jusqu'au revoir mes petites belles.
Dimanche prochain nous y reviendrons.

Ote donc ton banjo, Gillioury. Ça te gêne.

GILLIOURY, travaillant aussi.

Mais non, mais non. J'ai l'habitude. Ça ne me gêne pas plus qu'un gouvernail à la queue d'un bateau. Ça me sert de barre pour prendre le vent.

MARIE-PIERRE.

Tâchez moyen de rester fidèles,
Et nous tâcherons d'être bons garçons.

GILLIOURY.

J'espère que tu chantes!

MARIE-PIERRE.

Eh bien! et toi, pourquoi ne chantes-tu pas, toi qui en as toujours une à envoyer?

GILLIOURY.

Ah ! moi, du gas, je me réserve pour tout à l'heure. Il ne faut pas que je fasse des bosses à mon porte-voix, (Il se frappe sur la poitrine.) si je veux rossignoler comme il faut la ronde des Sardinières.

MARIE-PIERRE.

Rossignolez, rossignola
Quand mon bateau passa par-là!

SCÈNE VII.

LES MÊMES, MARIE-DES-ANGES, puis NAIK.

MARIE-DES-ANGES, venant du fond.

Eh bien ! As-tu fini, mon gas ?

MARIE-PIERRE.

Tout à l'heure, l'ancienne.

GILLIOURY.

Oui, dans un moment.

MARIE-DES-ANGES.

Tiens ! tu es donc là, Bout-Dehors ? Bonjour, l'ami.

GILLIOURY.

Bonjour, la mère !

MARIE-DES-ANGES.

Tu lui donnes un coup de main, là, hein ?

MARIE-PIERRE.

Oui, et à nous deux, il n'y en aura pas pour longtemps.

MARIE-DES-ANGES.

C'est qu'il faut que j'accompagne Naïk aux Sardinières,

moi, et je n'aurai jamais le temps de te parer, mon petit gas.

GILLIOURY.

Bah ! je le pavoiserai à votre place, moi.

MARIE-DES-ANGES.

Ce n'est pas la même chose, dà.

MARIE-PIERRE, qui est près d'elle à ce moment.

Bien sûr que non. Brave maman, va ! (Il l'embrasse.)

NAIK, sortant de la maison.

Là, je suis prête.

MARIE-PIERRE.

Mâtin ! Comme tu es belle, toi, petite sœur !

MARIE-DES-ANGES.

Hé ! crois-tu ? Il n'y en aura pas beaucoup de plus jolies, tu sais !

GILLIOURY.

Harné ! non.

MARIE-PIERRE.

Ah ! j'en réponds, par exemple.

NAÏK.

Vrai, Marie-Pierre, je suis à ton goût, comme ça ?

MARIE-PIERRE.

Parbleu ! tu feras honneur à la maison, petite sœur ! La reine ne sera pas fière devant toi. Est-elle mignonne ! (Il la prend par la main et lui baise le front.)

MARIE-DES-ANGES.

Tu es bien embrasseur, aujourd'hui ?

GILLIOURY.

Ah ! il n'est pas embrasseur seulement. Il est chanteur aussi. Il a la brise grand'largue, quoi ! Vous ne l'avez pas entendu, tout à l'heure, comme il gazouillait?

NAÏK.

Si, je l'ai bien entendu, moi.

GILLIOURY.

Ah ! ça me fait un plaisir, de le voir comme ça, en frère-la-gaîté. A la bonne heure, du gas, à la bonne heure !

MARIE-PIERRE.

Dame ! je suis content. Et il y a de quoi, n'est-ce pas, la mère ? Après la pêche d'hier au soir. Tu n'as pas vu ça, toi, Gillioury ! Demande un peu à maman et à Naïk. Les casiers en crevaient et les filets en éclataient de rire. Et des homards de fleur d'homard ! Et des lubines grosses comme ma jambe. Ah ! c'est l'ancienne qui en a levé des bras au ciel ! Et Naïk vous ouvrait des yeux Hein, petite sœur ?

NAÏK.

Oh ! je n'en revenais pas, c'est vrai.

MARIE-DES-ANGES.

C'est le bon Dieu qui nous récompensait, vois-tu, mon gas. Quand on travaille bien !

GILLIOURY.

Sûr.

MARIE-PIERRE.

Un beau mérite de travailler ! Mais ce n'est pas une peine. Au contraire ! C'est si aimable, le travail ! Du grand air ! Du soleil ! Et la poigne, harné ! la poigne, la force ! Oh ! hisse ! ohé ! sur le câble. (Il love des cordages en parlant.) A qui tirera le mieux ! Hardi, les gas ! Et les homards qui jambertent ! Et les poissons qui dansent. Des verts, des bleus, des rouges, de toutes les couleurs. Et ça fleure le tréfond de la mé ! Hum ! comme ça sent bon !

MARIE-DES-ANGES.

Eh bien ! Naïk, voilà que tu es là devant lui, bouche bée, comme si c'était un recteur. Oh ! ne rougis pas pour ça, ma fille. Il parle bien, quand il veut. Mais il parle trop pour nous, dans ce moment-ci. Nous allons être en retard. Allons, vite, dépêchons-nous.

NAÏK.

Oui, c'est vrai. Allons! Au revoir, Marie-Pierre, à tout à l'heure.

MARIE-PIERRE, la baisant au front.

Au revoir, Naïk.

MARIE-DES-ANGES.

Va en avant, ma fille. Je te rejoins. Il faut que je lui explique pour ses gilets, parce que la broderie..... (Elle va vers Gillioury.) Dis-moi, mon vieux Gillioury, est-ce que..... (A Naïk.) Va, ma fille, va. Je te suis. (Naïk sort.)

SCÈNE VIII.

LES MÊMES, moins NAIK.

MARIE-DES-ANGES, à Gillioury.

Enfin, tu crois qu'il n'y pense plus du tout, du tout?

GILLIOURY.

Je crois. Tout de même, je ne lui en parle pas.

MARIE-PIERRE.

Et tu as bien tort, va. Parce que j'entends ce que vous dites, vous savez. Ou je le devine au moins. Eh bien! vrai, vous vous trompez. Qu'on n'en parle pas devant Naïk, bon! C'est une vilaine histoire qu'une petite fille n'a pas besoin de connaître. Mais à moi, avoir peur de m'en parler, peuh! C'est bien fini, allez.

MARIE-DES-ANGES.

Vrai, vrai, mon Marie-Pierre ?

MARIE-PIERRE.

Tout ce qu'il y a de plus vrai, l'ancienne. J'ai fait une folie. J'ai même fait plus, puisque je vous ai manqué de respect. Mais, je m'en suis repenti, et dur. On ne recommence pas ces choses-là. Et puis, quoi ? Je n'ai plus eu de ses nouvelles. Elle est partie! Bon voyage! Je suis au travail, maintenant. Je ne suis plus aux bêtises. Rassurez-vous, l'ancienne. Je ne vous ai jamais menti, n'est-ce pas ? Eh bien! foi de Marie-Pierre ! je n'y pense plus.

MARIE-DES-ANGES.

Ah ! que tu es brave, mon petit gas! J'ai confiance, va! Dès l'instant que tu me le dis, je le crois.

GILLIOURY.

Et vous avez raison, harné ! Parce que, quand il mentira, celui-là, c'est que le clocher du Croisi sera devenu le tuyau de ma pipe.

MARIE-DES-ANGES.

Allons, au revoir, mon gas. Je suis bien contente.

MARIE-PIERRE.

Et moi aussi, l'ancienne. Au revoir! (Il l'embrasse.) Nous allons finir dans deux minutes. Hop-là, Gillioury.

MARIE-DES-ANGES.

Ah! n'oublie pas ta fine cravate, hein! Elle est sur le lit, tu sais.

MARIE-PIERRE.

Oui, oui, je sais.

MARIE-DES-ANGES.

Et tire bien la broderie des gilets, par en bas.

MARIE-PIERRE.

Oui, oui, n'ayez crainte, la mère! A tout à l'heure!

MARIE-DES-ANGES.

A tout à l'heure! (Elle sort.)

GILLIOURY, rangeant le dernier panier.

Et aïe donc ! C'est fini. Il n'y a plus qu'à rentrer ça. Empoigne à babord, du gas !

(Il prend un panier par l'oreille, le gas par l'autre, et ils le rentrent.)

MARIE-PIERRE, rentrant le second.

Et de deux.

GILLIOURY.

Et le troisième. Un point, c'est tout.

SCÈNE IX.

LES MÊMES, MADELON.

MADELON, sortant du cabaret et venant s'asseoir.

Ah ! que je suis lasse !

MARIE-PIERRE, ressortant de la maison.

Il n'y a plus rien ?

GILLIOURY, regardant autour de lui.

Non, plus rien !

MADELON.

Voulez-vous que je vous aide ?

GILLIOURY.

Parbleu ! quand c'est fini, m'am'zelle Longue-j'y-vas ! Ah ! tu as encore l'air en train de travailler, toi !

MADELON.

Dame ! Depuis le matin que je suis sur mes pieds.

GILLIOURY, à Marie-Pierre.

Eh bien ! Maintenant, tu n'as plus qu'à te fignoler, mon gas.

MARIE-PIERRE.

Et je ne serai pas le plus laid, va! Mais avant, nous allons boire un coup. Il est gagné, celui-là. (Gillioury se dirige vers le cabaret.) Non, pas là-bas, mon vieux. A la maison.

MADELON.

Ah! tant mieux!

MARIE-PIERRE.

Il y a du poiré, à la maison; tu vas m'en dire des nouvelles. Ce n'est pas tous les jours fête, dà!

GILLIOURY.

Allons-y d'un verre de poiré. Dans le nombre, aujourd'hui, n'est-ce pas? un de plus, un de moins!

MARIE-PIERRE, le poussant amicalement vers la maison.

Tu l'as dit, Gillioury, tu l'as dit.

(Ils rentrent dans la maison.)

SCÈNE X.

MADELON, puis FRANÇOIS.

MADELON.

Ah! que c'est donc bon de se reposer!

FRANÇOIS, à la cantonade.

Madelon! eh! la Madelon!

MADELON.

Ah! il ne vous laisse seulement pas le temps de souffler.

FRANÇOIS, entrant.

Madelon! eh!..... Eh bien! quoi! V'la que tu es assise, à c't'heure?

MADELON.

Je n'en peux plus, là!

FRANÇOIS.

Comment, tu n'en peux déjà plus, et la journée n'est pas encore commencée. Allons, ho ! debout! et du mouvement, la fille! (Madelon repasse de l'autre côté de la table et s'assied sur un autre escabeau.) C'est y que tu veux te moquer de moi? Oh! la mauvaise bête! Monsieur le comte et ses amis viennent de passer en voiture. Ils vont arriver ici après avoir vu monsieur le curé. Tu sais qu'il s'arrête toujours chez nous en passant, monsieur le comte.

MADELON, faisant bouffer sa jupe.

Bien sûr, que je le sais.

FRANÇOIS.

Et tu sais aussi qu'il ne crache pas sur notre vieux mousseux, hein ? Allons, vite à la cave! (Il va vers le fond de la scène.) Celui du fond, n'est-ce pas ? (Se retournant.) Eh bien ! tu ne te grouilles pas ?

MADELON, sans se lever.

On y va, mon Dieu, on y va.

FRANÇOIS.

Justement, les voici. Allons, du mouvement, la fille!

MADELON.

Harné ! allez-y le chercher vous-même, votre mousseux, si vous êtes tant pressé. D'abord je ne sais pas où il est, moi.

FRANÇOIS.

Ah ! Dieu de Dieu ! tu ne veux pas y aller ? tu ne veux pas y aller?... Eh ben?....

MADELON.

Eh ben ?

FRANÇOIS.

Eh ben! j'y vais moi-même. Seulement tu les recevras, hein? Heureusement qu'il aime les belles filles, monsieur le comte. Il est comme moi. (Il embrasse Madelon.) Grosse bête, c'était pour rire. (Il rentre au cabaret..)

SCÈNE XI.

MADELON, puis KERNAN, D'AMBLEZEUILLE, et ADELPHE, puis FRANÇOIS.

MADELON, à part.

Un peu qu'il les aime! C'est même pour ça qu'il s'arrête toujours ici. (Elle retape en quelques coups sa cotte et son corsage.) (Adelphe, Kernan et d'Amblezeuille entrent.)

ADELPHE.

Non, mais, sérieusement, vous la trouver gaie, cette fête populaire? Il n'y a seulement personne dans les rues.

KERNAN.

Attends! attends! ces braves gens se préparent. Que diable! quand tu étais petit, tu en faisais tes choux-gras, de la fête des Sardinières.

ADELPHE.

Quand j'étais petit, oui.

MADELON.

Messieurs et la compagnie, bien vot'servante.

KERNAN.

Bonjour, la Madelon. Toujours jolie!

MADELON.

Dame

KERNAN, lui prenant le menton.

Tu as raison, ma fille. Une jolie femme, c'est la meilleure enseigne pour une auberge.

ADELPHE, à d'Amblezeuille.

Vous la trouvez jolie, vous, chevalier ?

D'AMBLEZEUILLE.

Eh ! oui ! Eh ! oui !

ADELPHE.

Peuh !

MADELON, présentant des chaises.

Remettez-vous, messieurs. Le patron est allé quéri du vieux mousseux qu'aime tant monsieur le comte. Moi je reviens vite vous apporter des verres. (Le comte et d'Amblezeuille s'asseyent.)

KERNAN.

Va, ma fille, et mire-toi un peu dedans, pour voir s'ils sont aussi clairs que tes beaux yeux.

(Madelon sort après avoir fait une révérence.)

ADELPHE.

De la galanterie pour une servante !

KERNAN.

Il faut être galant avec toutes les femmes, vicomte !

D'AMBLEZEUILLE.

Surtout quand elles sont appétissantes, hein, filloteur ?

ADELPHE.

Oh !... Vieux jeu !

MADELON.

Voici les verres, messieurs.

FRANÇOIS, avec un panier de bouteilles.

Et voici les bouteilles ! Messieurs et la société, bien le bonjour.

KERNAN et D'AMBLEZEUILLE.

Bonjour, maître François !

(Madelon place les verres, et François débouche une bouteille.)

ADELPHE.

Ah ! ça, décidément, est-ce que nous allons boire là, devant cette auberge, comme des charretiers ?

FRANÇOIS.

Comme des charretiers !

MADELON.

Il n'est pas aimable, le grand maigre !

KERNAN.

Mais, sarpejeu, mon cher, Paris t'a rendu bien délicat. Eh ! ce sont les mœurs du pays. De temps immémorial, les Kernan font honneur à la fête des Sardinières, et donnent le cadeau à la reine, et n'ont pas honte de trinquer avec ces braves gens. C'est une bonne coutume que je ne veux pas laisser perdre.

D'AMBLEZEUILLE.

Parbleu, quand ce ne serait que pour le docteur, tu as raison d'y tenir. Ah ! c'est lui qui est content, aujourd'hui ! Il s'en donne ! Il organise tout. Pauvre ami ! C'est sa famille, à lui, toutes ces fillettes et tous ces gas.

ADELPHE.

C'est le père Gigogne, alors ?

KERNAN.

Ah ! ne plaisante donc pas toujours, mon enfant. Je t'assure qu'il y a dans tout cela quelque chose de bon, de sain, et dont il ne faut pas rire. Moi, ça me rajeunit, ça me fait plaisir, ça me donne..... comme un grain de poésie. N'est-ce pas, la Madelon ? (Il se lève et lui prend la taille et le menton).

MADELON.

Oui dà, monsieur le comte.

ADELPHE, à d'Amblezeuille.

Le fait est qu'il nage dans la joie et qu'il voit tout en rose depuis ce matin. Je ne sais pas ce qu'il a.

D'AMBLEZEUILLE.

Oh! moi, je le sais bien, ce qu'il a. Tu dis depuis ce matin. Tu peux bien dire depuis hier. Depuis son retour de Nantes.

ADELPHE.

Tiens! c'est vrai. Pourquoi donc?

D'AMBLEZEUILLE.

Je te raconterai ça. Nous le taquinerons. Ce sera drôle.
(Pendant cet aparté, le comte et Madelon sont au fond de la place, surveillés d'un œil par François. D'Amblezeuille et Adelphe parlent bas.)

SCÈNE XII.

LES MÊMES, GILLIOURY, MARIE-PIERRE.

GILLIOURY, parlant vers la cantonade.

Allons, allons, du gas! Dépêche-toi. Nous serons en retard.
(Il l'arrange par derrière, sous l'arcade, sans voir les autres.)

MARIE-PIERRE, sortant en grande toilette bretonne, sous l'arcade aussi.

Me voilà, me voilà! Laisse-moi finir mon nœud de cravate.

MADELON, de la place.

Oh! qu'il est beau!

D'AMBLEZEUILLE, qui s'est rapproché de Kernan.

Il est plus beau que toi, tu sais. Tout s'explique.

KERNAN, d'un air triomphant.

Peuh! ce n'était pas vrai. J'ai eu des preuves.

D'AMBLEZEUILLE.

Vieux fat!

GILLIOURY, finissant d'arranger le gas.

Allons, allons, ça y est. (Il se retourne vers sa gauche.) Ah ! pardon, excuses, messieurs. (Il fait le salut militaire.)

MARIE-PIERRE, saluant avec son grand chapeau.

Messieurs et la compagnie !

FRANÇOIS.

Bonjour, Marie-Pierre. J'espère que te voilà faraud !

LES AUTRES.

En effet.

MARIE-PIERRE.

Il faut bien. Je me suis même mis en retard. (On entend des cris dans les rues.)

GILLIOURY.

Je te crois. Tiens ! on entend les Sardinières. Le vote est fini. (Les cris redoublent et se rapprochent.)

TOUS, se levant.

Oui, oui, c'est la fête.

MADELON, qui a couru vers le fond.

Les voilà ! les voilà ! (Les cris éclatent tout près.)

FRANÇOIS.

Madelon, vite, vite, des bols !

MADELON.

On y va ! on y va ! (Elle accourt, précédant la foule qui entre en scène.)

SCÈNE XIII.

LES MÊMES, LA FOULE, PALUDIERS, PÊCHEURS, SARDINIÈRES, etc... MARIE-DES-ANGES, NAIK, portée sur un fauteuil, CÉZAMBRE, conduisant le cortège.

LA FOULE.

Ah ! ah ! (Brouhaha.) Vive la reine !

CÉZAMBRE seul.

Vive la reine !

GILLIOURY, MARIE-PIERRE, KERNAN, D'AMBLEZEUILLE, etc.

Vive la reine !

KERNAN, à Cézambre.

Eh bien ! vous voilà à votre affaire, docteur ?

CÉZAMBRE.

Ma foi, oui ! Et je ne donnerais pas ma place pour un empire. La joie de tout ce monde, ça me fait du bien. Vive la reine !

LA FOULE.

Vive la reine !

MARIE-PIERRE.

C'est donc toi, Naïk, qui es la reine ? Ah ! quelle joie, quel honneur pour nous ! (A Marie-des-Anges). Vous êtes ravie, hein ! la mère ?

MARIE-DES-ANGES.

Elle le méritait bien, va. N'est-ce pas, monsieur Cézambre ?

CÉZAMBRE.

On ne peut pas en douter, l'ancienne, puisqu'elle a été nommée à l'unanimité.

LA FOULE.

Oui, oui.

CÉZAMBRE.

Mais ce n'est pas tout, maintenant, mes amis. Il faut qu'elle choisisse son roi pour le présenter à monsieur le comte. Les usages avant tout, vous savez. Moi, je suis pour les usages. Et tant qu'elle n'aura pas dit : « J'ai choisi », nous devons la promener à travers la ville sans qu'elle parle. Allons, les enfants, en route !

NAIK, dont on veut reprendre le fauteuil.

Arrêtez, j'ai choisi.

LA FOULE.

Qui ? qui ?

CÉZAMBRE.

Une minute ! Les usages avant tout ! Mon Dieu ! que vous êtes pressés ! Vous savez bien que lorsque la reine a dit : « J'ai choisi », on chante d'abord la ronde des Sardinières. C'est réglé, ça. Et bien réglé ! C'est pour ennuyer un peu les amoureux qui attendent et qui voudraient savoir tout de suite. Mais, en vérité, je me demande pourquoi vous me faites répéter ça tous les ans. Ah ! têtes de Bretons, allez ! C'est tous les ans la même chose, que diable ! Et puis, enfin, messieurs les amoureux, vous pouvez bien prendre patience un moment. La reine est assez jolie, j'espère, et celui qu'elle choisira n'aura pas perdu pour attendre.

TOUS.

C'est vrai. C'est vrai.

CÉZAMBRE.

Alors, en place pour la ronde ! Et à toi, Gillioury ! En place d'abord !

(On se place. Le comte et ses amis assis devant le cabaret. Sur les bancs de la maison Marie-des-Anges, les plus vieux pêcheurs et les anciennes. Au fond du théâtre, Naïk sur son fauteuil. En rang, autour d'elle, les filles et les gas, se tenant par la main, et formant une ronde sans bout, sorte de farandole. Au milieu, Gillioury. Pendant qu'on se place, le groupe du comte cause d'un côté, et de l'autre Marie-des-Anges s'entretient avec son gas.)

KERNAN.

Elle est vraiment charmante.

CÉZAMBRE et D'AMBLEZEUILLE.

Tout à fait.

ADELPHE.

Parole, on se croirait à l'Opéra-Comique. Un petit chœur, et ça y est. Vieux jeu! Vieux jeu!

MARIE-PIERRE, à sa mère.

Est-ce que vous savez, ma mère, qui elle a choisi ?

MARIE-DES-ANGES.

Oui dà. La pauvre petite m'a demandé ma permission pour ça, sitôt qu'elle a été nommée reine.

MARIE-PIERRE.

Et qui est-ce?

MARIE-DES-ANGES.

Tu le sauras tout à l'heure, curieux.

CÉZAMBRE.

Allons, un peu de silence! Tout le monde y est? Attention à reprendre en chœur au refrain! Vas-y, Gillioury.

GILLIOURY, avec son banjo.

Une fille et un gas qui s'aimaient tendrement
Voyager voulant, ils ne savaient comment.

LE CHŒUR.

Allons à Lorient, pêcher la sardine!
Allons à Lorient, pêcher le hareng!

GILLIOURY.

La fill' dit au gas : — Partons sans bâtiment.
Mon jupon bouffant sera la voile au vent.

LE CHŒUR.

Allons à Lorient, pêcher la sardine!
Allons à Lorient, pêcher le hareng!

GILLIOURY.

Mes cheveux défaits serviront de haubans.
Nos baisers chantants seront mousses dedans.

LE CHŒUR.

Allons à Lorient, pêcher la sardine !
Allons à Lorient, pêcher le hareng !

GILLIOURY.

Pour étoiles d'or, t'auras mes yeux luisants ;
Pour lune d'argent, tu verras mon sein blanc.

LE CHŒUR.

Allons à Lorient, pêcher la sardine !
Allons à Lorient, pêcher le hareng !

GILLIOURY.

Les fill' et les gas qui s'aiment tendrement
Voyager voulant, savent toujours comment !

LE CHŒUR.

Allons à Lorient pêcher la sardine !
Allons à Lorient, pêcher le hareng !

TOUS.

Bravo, Gillioury, bravo !

KERNAN, lui serrant la main.

Oui, bravo, Gillioury ! Ah ! c'est toujours doux à entendre, les vieilles chansons..... (A Naïk.) Et maintenant, fillette, les amoureux ont assez langui. Voyons, le roi ? Qui as-tu choisi pour roi ?

CÉZAMBRE.

Allons, Naïk. C'est à toi de parler à présent. Tu n'oses donc pas ? Dame ! Je comprends ça. C'est quasi une fiance, vous savez bien, mes amis, que de dire son roi. Et il ne faut pas oublier ça, vous, celui qu'elle va choisir. Une fois nommé, il n'y a encore rien de décisif, c'est vrai ; on laisse le roi tout seul, une heure, afin qu'il réfléchisse. Mais quand on revien le prendre pour ouvrir le bal, s'il dit oui, c'est comme une accordaille.

KERNAN.

Eh bien! voyons, fillette, tu n'es pas sans avoir ici quelque gas qui t'aime, mignonne et belle comme tu es.

UN PALUDIER.

Bien sûr qu'il y en a.

UN PÊCHEUR.

Harné! oui!

GILLIOURY, à Marie-Pierre.

Tu ne dis rien, toi? Elle est cependant gentille, hein?

MARIE-PIERRE.

Oh! oui, qu'elle est gentille! Je ne l'avais jamais tant vue comme aujourd'hui. C'est une femme, à c't' heure.

CÉZAMBRE, à Naïk.

Eh bien!

NAÏK, qui a observé les mouvements du gas.

Eh bien! c'est..... c'est Marie-Pierre!

MARIE-PIERRE.

Moi! moi!

MARIE-DES-ANGES.

Mais oui, grand benêt. Tu vois bien qu'elle t'est douce. Va donc l'embrasser. Et pour de bon, cette fois-ci.

(Naïk s'avance vers lui et lui vers elle. Il la baise au front.)

TOUS.

Vive le roi! vive le roi!

KERNAN.

A boire, maître François! Verse à tous ces braves gens.

FRANÇOIS.

Madelon! Madelon!

MADELON.

Voilà.

(Madelon et François versent des bols de cidre à la ronde. Le comte trinque avec tout le monde.

(Marie-Pierre et Naïk sont sur le devant de la scène.)

MARIE-PIERRE.

Vraiment, Naïk, je n'aurais pas cru.....

NAÏK.

Et ça te fait de la peine, peut-être ?

MARIE-PIERRE.

Non, non, ma petite Naïk, comment peux-tu penser ?.....

NAÏK.

Oh ! l'ancienne me l'a permis, vois-tu. Sans ça.....

MARIE-PIERRE.

Et elle a bien fait, Naïk, elle a bien fait. C'est vrai, tout de même, que tu es la plus belle et la plus douce, dans tes fins atours. Seulement, tu comprends, Naïk, je suis étonné comme ça, parce que je te voyais tous les jours à la maison. Il me semblait que tu étais encore la petite Naïk, la petite fille, quoi ! Et je t'embrassais, là, comme une sœur. Au lieu qu'à présent, dame ! Enfin, je ne sais pas, moi. Il me semble que ce n'est plus la même chose.

GILLIOURY.

Eh bien ! eh bien ! les amoureux ! Vous vous direz tout ça plus tard. Vous ne voulez donc pas qu'on boive à votre santé ?

MARIE-PIERRE et NAÏK.

Si, si !

KERNAN, à Naïk.

Et tu ne veux donc pas que je te mène chez monsieur le curé, pour qu'il te remette mon cadeau ?

NAÏK.

Si, monsieur le comte.

KERNAN, prenant un verre et lui en offrant un, anisi qu'à Marie-Pierre.

Alors, buvons d'abord à votre bonheur, mes enfants! Et prenez la place d'honneur. (Ils s'asseyent à la table quittée par le comte.)

ADELPHE, à côté de lui.

Est-ce qu'il va faire un discours? Ah! monsieur le bailli, tout de suite! (Presque haut.) Vieux jeu! Vieux jeu!

KERNAN.

Vieux jeu, monsieur, c'est possible! Mais j'y tiens. Et c'est un plaisir et un honneur pour moi, mes amis, que de trinquer à votre santé. Vive Dieu! C'est un bon pays que le nôtre, et je l'aime mieux que tous, mieux que ton Paris, vois-tu, vicomte! Ce vieux cidre couleur de cheveux blonds est plus chaud et plus sain au cœur que vos champagnes frelatés. Et je le bois gaîment à la santé des fiers gas d'ici, autrement plantés que les freluquets de là-bas! Je le bois à la santé de nos belles filles, qui ne sont pas des poupées, et qui ont aux lèvres du beau sang flambant comme une rose! (Il boit.)

CÉZAMBRE.

Bravo, Kernan!

TOUS.

Vive monsieur le comte!

GILLIOURY.

Comme il parle bien!

ADELPHE, à d'Amblezeuille.

Fichtre! il s'est emballé, mon oncle.

D'AMBLEZEUILLE, se penchant vers Adelphe, juste au dessus du gas.

Ah! il ne devait pas chanter cet air-là, hier à Nantes, avec la Parisienne!

MARIE-PIERRE, à part, se levant.

La Parisienne ! que dit-il ?

KERNAN, à Marie-Pierre.

Eh bien ! tu ne bois pas ?

MARIE-PIERRE, vidant son verre.

Si, si. (Il avale un second verre.) La Parisienne ! Est-ce que ce serait-elle ?

CÉZAMBRE.

A ta santé, Marie-Pierre !

MARIE-PIERRE, se versant encore un verre.

A votre santé, monsieur Cézambre ! (Il boit.) La Parisienne ! oui, oui ! Ça ne peut-être qu'elle ! (Il se passe la main sur le front.) Ah ! voyons ! voyons !

CÉZAMBRE.

En place ! en place ! pour aller chez monsieur le curé !

TOUS.

Oui, oui !

NAÏK à Marie-des-Anges.

Il a l'air préoccupé, vous ne trouvez pas ?

MARIE-DES-ANGES.

Dame ! ça l'a surpris un peu, tu comprends.

NAÏK.

Mais il vient de boire trois grands verres de poiré coup sur coup.

MARIE-DES-ANGES.

Ah ! les hommes, tu sais ! Défunt son père en prenait quelquefois plus que sa part. Quand ils ont une émotion, une joie !

KERNAN, offrant son bras à Naïk.

Majesté, je suis à vos ordres.

NAÏK.

Monsieur le comte...! Au revoir, Marie-Pierre, à tout à l'heure !

MARIE-PIERRE.

A tout à l'heure ! oui !

CÉZAMBRE.

Tout le monde y est. En route ! A toi, Gillioury !

(Le cortège s'est formé. Gillioury en tête avec son banjo, puis le comte et Naïk, Cézambre, d'Amblezeuille, Adelphe et la foule. Ils sortent en chantant.)

GILLIOURY.

Une fille et un gas qui s'aimaient tendrement,
Voyager voulant, ils ne savaient comment.

LE CHŒUR

Allons à Lorient pêcher la sardine,
Allons à Lorient, pêcher le hareng.

MARIE-DES-ANGES, qui est restée en arrière.

Tu es content, hein, mon gas ?

MARIE-PIERRE.

Oui, oui, bien content.

MARIE-DES-ANGES.

J'étais folle! Il ne ment pas. (Elle sort.)

(Tandis qu'il s'en vont peu à peu, François et Marie-Pierre restent seuls. François range les bols. Marie-Pierre est sur le devant de la scène, absorbé.)

MARIE-PIERRE.

Oui, c'est elle. Bien sûr. C'est elle ! Ah ! credieu ! Si c'était vrai pourtant.

(La chanson s'éteint dans l'éloignement).

SCÈNE XIV.

MARIE-PIERRE, FRANÇOIS.

FRANÇOIS.

Madelon ! eh ! la Madelon ! (Il court vers le fond de la scène.) Je parie qu'elle est partie avec le cortège ! Ah ! mâtine, va. (Il revient.) Il faut que je range tout moi-même, à c't'heure. (Il trouve Marie-Pierre assis à une de ses tables.) Eh bien ! Marie-Pierre. Qu'est-ce que tu as donc ? tu n'as pas l'air content, d'être le roi ?

MARIE-PIERRE.

Mais si ! (Il se verse un nouveau verre de cidre et le boit.) Tu vois bien. Pouah ! Il est rudement mou, ton poiré.

FRANÇOIS.

Veux-tu un gobelet de raide ?

MARIE-PIERRE.

Oui.

FRANÇOIS.

Madelon ! eh !... Ah ! c'est vrai, elle n'est pas là. (Il rentre au cabaret.)

MARIE-PIERRE.

Et puis, quoi ? Quand même ce serait elle ! Après ? J'ai fait assez de folies comme ça, n'est-ce pas ? Et je suis bien bête d'y penser, un jour pareil !.... Est-elle gentille, tout de même, la petite Naïk !.... Et l'autre, avec sa frimousse de mauvais goussepain ! Oui, mais, rien que d'y songer seulement, il me semble que j'ai le sang comme de la braise. Ah ! non ! non !

FRANÇOIS, revenant avec de l'eau-de-vie.

V'là que tu parles tout seul, maintenant ! On dirait que tu as la fièvre.

MARIE-PIERRE.

Donne-moi un gobelet de raide, va, ça me remettra.

FRANÇOIS, *versant.*

Tu as donc quelque chose ?

MARIE-PIERRE.

Non, ce n'est rien. (*Il boit.*) Dis-donc, François, toi qui sais tout, est-ce que c'est vrai que monsieur le comte a été à Nantes ?

FRANÇOIS.

Il paraît que oui.

MARIE-PIERRE.

Et..... tout seul ?

FRANÇOIS.

Dame ! Je ne l'ai pas vu, tu comprends. Moi je ne sais que ce qu'on me raconte, ou plutôt ce que j'entends, sans le vouloir. On boit, on cause, on bavarde. Alors, j'apprends des choses.

MARIE-PIERRE, *se levant.*

Et on l'a vu aller et revenir avec quelqu'un dans sa voiture ? Une femme, n'est-ce pas ?

FRANÇOIS.

Il paraît. (*Marie-Pierre tressaille.*) Mais qu'est-ce que ça te fait, voyons, Marie-Pierre ?

MARIE-PIERRE.

Rien, rien. C'est pour savoir.

FRANÇOIS.

Ah ! bon. Parce que, en somme, les affaires de monsieur le comte ne sont pas les nôtres, ne sont pas les tiennes.

MARIE-PIERRE.

Peut-être bien que si, François.

FRANÇOIS.

Que veux-tu dire ?

MARIE-PIERRE.

Ah ! tiens, ne jouons pas au plus finaud. Tu sais pourquoi je te demande tout ça, tu le sais. Dis-moi la vérité, François, il faut que je la connaisse.

FRANÇOIS.

Je ne peux pas, Marie-Pierre. Je ne sais rien. Ah! Gillioury avait bien raison de dire, ce matin, qu'il valait mieux ne pas te parler de ça.

MARIE-PIERRE.

Et je veux en parler, moi !.... C'est avec la parisienne, n'est-ce pas? avec celle du châlet ? C'est avec elle qu'il est allé à Nantes ?.... Ah ! ne mens pas.

FRANÇOIS.

On ne l'a pas dit positivement. J'ai seulement entendu tout à l'heure monsieur le chevalier qui ricanait et qui disait à monsieur le comte: « Ah! tu as dû mener là-bas une vie de.... » de polichinelle, qu'il disait.

MARIE-PIERRE.

Mais avec qui? Avec qui, voyons ? Ah ! tu le sais. C'est avec elle, hein ? Non, ne mens pas ! je vois que tu le sais. Mais dis-le moi donc, dis-le moi, ou..... (Il le prend au collet.

FRANÇOIS.

Eh bien ! oui, là; oui. C'est avec elle. Te v'là bien avancé

MARIE-PIERRE, se promenant à grands pas.

Ah! la gueuse ! la gueuse !... Une vie de..... Ah !.... Encore un gobelet de raide, François!

FRANÇOIS.

Tu en bois trop, Marie-Pierre. Ce n'est pas dans mon intérêt, ce que j'en dis. Mais, vrai, tu en bois trop.

MARIE-PIERRE, lui arrachant la bouteille des mains.

Eh! donne donc! Tu vois bien que j'ai besoin de prendre du cœur. (Il boit à même la bouteille.)

FRANÇOIS.

Allons, sois raisonnable, écoute-moi.....

MARIE-PIERRE.

Laisse-moi tranquille! Je ne t'ai écouté que trop. Laisse-moi. Va-t'en! Il faut que je réfléchisse. Laisse-moi seul!

FRANÇOIS.

Comme tu voudras! (A part.) Heureusement qu'il n'y a plus grand'chose dans la bouteille (Il rentre au cabaret, d'un air piteux.) Ça ne fait rien. Je descends à la cave. Ça va mal tourner, tout ça. J'aime mieux ne pas y être. Madelon! eh! Madelon!

SCÈNE XV.

MARIE-PIERRE, seul.

MARIE-PIERRE.

Après ça, c'est peut-être pour des courses, en effet!.... Ah! non, je suis trop bête, à la fin! Des courses, des affaires, allons donc! Et les autres qui ricanaient! François les a vus, les a entendus. Ils se moquaient de moi, parbleu! Comme elle! Comme le vieux! Ont-ils dû en rire, sur mon compte, elle et lui, en faisant la fête ensemble! Ah! jour de Dieu! Ça ne se passera pas comme ça! Je me rappelle bien maintenant. Sous prétexte de chasser aux mouettes, il tournaillait souvent autour de la baie des Bonnes-Femmes. Il est riche, lui! C'est monsieur le comte! Tandis que moi... . Mais qu'est-ce que c'est, enfin, que cette femme-là? L'ancienne a donc raison? C'est donc une kourigane, une sorcière?.... Ah! pas quand elle vous embrasse, toujours!.... Et encore, si.

Quand elle vous embrasse, ça vous brûle. (Il montre la bouteille.) Comme ça. (Il boit.) Ah ! j'ai assez bu. (Il jette la bouteille). Ça ne me la fait pas oublier. Au contraire !..... Mais quoi ? Et Naïk, et l'ancienne ! Elles vont revenir. Et l'autre est là-bas. Et il va y aller, lui, sans doute. Oh ! non, non ! Et le travail, et les amis, et l'ancienne, et Naïk, pft ! tant pis ! Ça m'est égal. Il faut que je la voie, elle. Il faut que je lui dise. (Avec rage.) Ah ! la gueuse ! (Avec passion.) Ah ! quand elle vous regarde, là, dans les yeux !.... Il faut que je la voie. Il le faut..... (Avec un geste décidé.) Bah ! (Il s'élance pour partir. Il aperçoit Marie-des-Anges qui arrive. Il recule). Dieu ! Ma mère !

SCÈNE XVI.

MARIE-PIERRE, MARIE-DES-ANGES.

MARIE-DES-ANGES.

Eh bien ! tu t'ensauves, mon gas ?

MARIE-PIERRE.

Non, l'ancienne, non ! Je vas vous dire..... C'est.....

MARIE-DES-ANGES, le considérant.

Mais qu'est-ce que tu as ? Te v'là tout rouge. Les yeux te sortent de la tête. Tu as donc bu de l'eau-de-vie ?

MARIE-PIERRE.

Dame, oui, en attendant. J'étais là, tout seul. Vous comprenez, l'émotion, la réflexion.....

MARIE-DES-ANGES.

Oui, oui, je comprends, mon gas. Je ne te fais pas de reproche, d'ailleurs. Ce n'est rien. Je sais bien que les hommes, ça boit quelquefois un coup de trop. Je ne suis pas une mère rabat-joie, après tout. Un jour comme aujourd'hui !

MARIE-PIERRE.

Oh! j'ai ma tête, allez, l'ancienne. Je n'ai pas bu tan que ça.

MARIE-DES-ANGES.

Bon, bon! N'en parlons plus. Je ne t'en veux pas, je te dis, mon enfant. (Elle le prend dans ses bras). Pau' petit, va! Tu n'as pas l'habitude de boire, toi. Tu es un bon sujet.

MARIE-PIERRE, à part.

Ah! il faut pourtant que j'y aille.

MARIE-DES-ANGES.

Où donc? Mais, j'y pense, où courais-tu donc, quand je suis arrivée?

MARIE-PIERRE.

Je vas vous dire, l'ancienne..... Et puis, non, j'aimerais tout de même mieux ne pas vous le dire.

MARIE-DES-ANGES.

Quoi donc? Tu as l'air tout troublé. Tu m'inquiètes. Quoi? parle, voyons.

MARIE-PIERRE.

Oh! ne vous inquiétez pas, ma mère. Il n'y a pas de quoi. Vrai, il n'y a pas de quoi. Au contraire. C'est..... c'est pour Naïk.

MARIE-DES-ANGES.

Ah! bien, à la bonne heure! Mais, explique-moi....

MARIE-PIERRE, embarrassé.

C'est..... c'est une surprise, enfin. (A part). Dieu! que c'est dur de mentir! (A sa mère). Oui, oui, un cadeau que je veux lui faire. Alors, avant qu'elle n'arrive.....

MARIE-DES-ANGES.

Ah! c'est une bonne idée, ça, mon gas! Brave enfant, va! (Elle l'embrasse.)

MARIE-PIERRE, à part.

Oh que je suis lâche !

MARIE-DES-ANGES.

Cours vite, cours vite ! (Elle va au fond de la scène.) Il ne seront pas longtemps à revenir, tu sais bien. Il me semble que je vois déjà du monde.

MARIE-PIERRE.

Oh ! ça m'a fait mal au cœur de mentir comme ça ! Et pourtant, il faut que j'y aille, credieu ! il le faut.

MARIE-DES-ANGES, revenant.

Eh bien ! qu'est-ce que tu attends, à c't'heure ? Dépêche-toi donc.

MARIE-PIERRE.

Oui, oui, l'ancienne. J'y cours. Adieu ! (Il va pour l'embrasser. Non, ce baiser de Judas ! Non ! Adieu !.... euh ! Au revoir ! Au revoir ! (Il se sauve en courant.)

SCÈNE XVII.

MARIE-DES-ANGES, seule.

MARIE-DES-ANGES, le suivant des yeux.

Cours vite !.... Ah ! j'espère qu'il court !.... (Revenant sur le devant de la scène.) Il a peut-être bu un coup de trop, c'est vrai. Mais quoi ! Il est si gentil tout de même, le pau' p'tit gas ! (On entend les cris de la foule.) Ah ! les voici ! Il ne sera pas revenu à temps. (Les cris redoublent.) Enfin, je leur ferai prendre patience. (Les cris se rapprochent.) Quelle bonne idée il a eue ! Il n'y a que lui pour penser à tout.

SCÈNE XVIII.

MARIE-DES-ANGES, LA FOULE, KERNAN, ADELPHE, CÉZAMBRE. NAIK, tous enfin, moins Marie-Pierre et Gillioury.

LA FOULE.

Le roi ! Le roi ! Où est le roi ?

CÉZAMBRE.

Eh bien ! ce roi? Où est-il donc?

LA FOULE.

Le roi ? le roi ?

NAÏK, courant à Marie-des-Anges.

Oh ! l'ancienne, il n'est pas là.

MARIE-DES-ANGES.

Je sais où il est ; rassure-toi, mignonne. C'est pour te faire plaisir, je ne peux pas t'en dire davantage.

LA FOULE.

Le roi? le roi ?

MARIE-DES-ANGES.

Il va venir, prenez patience. C'est une surprise ! Allons! bon, voilà que je bavarde, moi.

CÉZAMBRE.

Alors, en attendant, une chanson, Gillioury.

KERNAN.

C'est ça, une vieille chanson !

VOIX dans la foule.

Gillioury ! Eh ! Bout-Dehors !

UN PALUDIER.

Ben, il vient de partir, il y a un moment, là, au tournant de la rue. Il a filé tout d'un coup, je ne sais pas pourquoi.

CÉZAMBRE, fendant la foule, et allant au fond de la scène.

Ah! ça, où diable est-il allé, ce farceur-là? Gillioury?

VOIX, à droite et à gauche.

Gillioury! Gillioury!

CÉZAMBRE.

Ah! le voici! Le voici!

SCÈNE XIX.

LES MÊMES, GILLIOURY.

GILLIOURY. (Il entre, essoufflé).

Quoi, quoi! me voilà.

LA FOULE.

Une chanson!

GILLIOURY.

Eh! Il s'agit bien de chanson, à c't'heure! (Naïk court à lu comme pour l'interroger. Mais il la repousse dans les bras du docteur, et va droit à Marie-des-Anges.) Venez que je vous parle, à vous, la mère, (Il l'entraine à l'écart, par la main.) Du courage!

MARIE-DES-ANGES.

Comment! je ne comprends pas! Il est arrivé quelque chose à mon gas?

GILLIOURY.

Il y est retourné.

MARIE-DES-ANGES.

Tu es fou. Tu es fou.

GILLIOURY.

Eh! non, que je vous dis : il y est retourné.

MARIE-DES-ANGES.

Mais alors il m'a donc menti! Lui, mon gas! Ah! c'est la fin de tout.

LA FOULE.

Qu'est-ce qu'il y a ?

KERNAN s'approchant.

Oui, qu'est-ce qu'il y a ?

GILLIOURY.

Il y est retourné.

KERNAN.

Quoi ? Qui ? le gas ? Ah ! par exemple ! (Il sort.)

ADELPHE à d'Amblezeuille.

Ah ! ah ! ça se corse. Je ne le quitte pas, le grand'oncle. Il va y aller. Je le suis.

D'AMBLEZEUILLE.

Tu ne feras pas cela, Adelphe. Ah ! que je regrette de t'avoir dit..... (Adelphe et d'Amblezeuille sortent en courant après Kernan.)

CÉZAMBRE.

A Naïk.) Voyons, calmez-vous, Naïk, calmez-vous ! (A part.) Ah ! mon Dieu ! je devine.

NAÏK, à Cézambre.

Ah ! monsieur Cézambre, monsieur Cézambre ! Il est malade, n'est-ce pas ? Dites-moi qu'il est malade.

CÉZAMBRE.

Je ne sais pas, mon enfant. Mais, rassurez-vous, je vous en prie.

NAÏK courant à Marie-des-Anges.

Ah ! ma mère, il n'est pas parti, n'est-ce pas ? (Marie-des-Anges ne répond rien et tourne la tête.) Gillioury, toi qui sais, dis-moi quelque chose. Il n'est pas parti, hein? Il se cache. C'est pour m'attraper. (Gillioury ne répond rien.)

Ma mère, tout à l'heure, vous aviez l'air d'être contente. Vous parliez d'une surprise, je crois. Vous savez la vérité. Dites-la moi, je vous en supplie. Ah! mon Dieu! personne ne veut me répondre. Il est parti! Il est parti, je le vois bien. (Elle tombe en sanglottant dans les bras de Marie-des-Anges.) Ah! ma mère, il ne m'aime donc pas?

CÉZAMBRE.

Ah! ça, mais, qu'est-ce que c'est donc, enfin, que cette Parisienne?

Rideau.

ACTE IV

Même décor qu'au second acte.

SCÈNE I.

LA GLU, MARIE-PIERRE.

(La Glu est assise, calme, sur la chaise longue. Marie-Pierre est debout devant elle, les bras croisés, la figure contractée, dans une attitude menaçante.)

MARIE-PIERRE.

Eh bien ? eh bien ?

LA GLU.

Eh bien ! quoi ? Et puis après ? tu crois que tu me fais peur, avec tes cris et ta figure à l'envers ? Je t'ai laissé tout dire, n'est-ce pas ? Tout ce que tu as voulu ? Tu vois l'effet que ça me fait.

MARIE-PIERRE.

Mais enfin, c'est la vérité, pourtant, tout ce que j'ai dit. Tu ne peux pas le nier. Tu n'essaies même pas.

LA GLU.

Tu m'ennuies, tiens !

MARIE-PIERRE, allant et venant et se plantant devant elle à chaque reprise de colère.

Ah ! je ne suis pas venu ici pour t'amuser, non plus. J'ai dû assez te faire rire, là-bas, à Nantes. Ça suffit comme ça.

Maintenant, il faut me répondre, et sérieusement. Ose donc me dire que tu n'as pas été à Nantes!

LA GLU.

Oui, j'y ai été.

MARIE-PIERRE.

Ose donc me soutenir que ce n'est pas avec lui

LA GLU.

Oui, c'est avec lui.

MARIE-PIERRE, la menaçant.

Ah ! si tu n'étais pas une femme !

LA GLU, se levant.

Allons, bon ! la scène qui va recommencer. Ah ! laisse-moi donc tranquille, espèce de brute !

MARIE-PIERRE.

Non ! mais réponds-moi, au moins. Essaie de te défendre. Dis-moi que tout ça n'est pas vrai.

LA GLU s'asseyant.

Qu'est-ce que tu veux que je dise à un sauvage comme toi ? Tu es fou de colère. Tu as bu. Tu ne comprendrais rien. Si tu avais deux liards d'intelligence, seulement, il y a longtemps que tu aurais honte de te conduire ainsi, et tu devrais déjà être à mes genoux, à me demander pardon.

MARIE-PIERRE.

Pourquoi donc? je ne comprends pas.

LA GLU.

Tu vois bien, tu ne comprends pas. Cependant, fais un effort, essaie de réfléchir, de comprendre. Si tout ce que tu dis était vrai, si j'étais coupable envers toi, est-ce que je resterais là, tranquille, devant tes cris, devant tes menaces? Est-ce que je me contenterais de hausser les épaules ? Mais tu me ferais peur, voyons ! Tandis que tu me fais pitié.

MARIE-PIERRE.

Ah ! Ce n'est pas possible, pourtant. Je sais ce que je sais, enfin. Et toi-même tout à l'heure, tu viens de m'avouer que tu avais été à Nantes, avec lui. C'est un fait, ça, n'est-ce pas ?

LA GLU.

Bah ! tu ne mérites seulement pas qu'on t'explique les choses.

MARIE-PIERRE.

Mais comment pourrais-tu expliquer....?

LA GLU *se levant et allant à la fenêtre.*

Ah ! mon Dieu ! Que c'est agaçant d'avoir affaire à des imbéciles !

MARIE-PIERRE *la suivant.*

Soit ! je suis un imbécile. Un pêcheur, un homme du peuple, c'est entendu. Et puis, j'ai bu, c'est vrai. Et puis, la colère m'étouffe. Je ne vois plus. J'ai comme du sang plein les yeux. Je suis une brute, quoi ! *(Elle s'est rassise.)* Alors, si je te fais pitié, aie pitié de moi tout à fait. Ouvre-moi les yeux. Explique-moi. Ne me laisse pas comme ça dans l'angoisse, dans la nuit. Tiens ! Je ne crie plus. Je ne menace plus. Je supplie. Explique-moi, explique-moi tout, comme à un enfant, je t'en prie, par pitié. *(Il tombe en pleurant sur un coussin, à ses pieds.*

LA GLU.

Mais c'est pourtant bien simple, mon petit Marie-Pierre. Voyons, tu penses bien que je ne suis pas venue dans ce pays-ci par hasard. J'y avais des procès, des intérêts.

MARIE-PIERRE.

Dame, oui, en effet, c'est possible.

LA GLU.

Et justement, à ces intérêts, à ces procès, le comte es mêlé. Je ne peux pas te raconter tout cela en détail. Il y a des chiffres, un jugement ! Tu n'y comprendrais rien. Bref j'ai été à Nantes avec le comte pour nous entendre, chez le notaire, l'avoué, les avocats. Commences-tu à voir un peu clair ?

MARIE-PIERRE.

Oui, peut-être bien. Ça a l'air vrai.

LA GLU, se levant.

Comment ? Ça a l'air vrai ? Tu doutes toujours. Ah ! ce n'est pas la peine que je te donne des explications, alors.

MARIE-PIERRE, la suivant.

Non, non, là, je ne doute pas. Seulement, dame ! il y a ce que m'a dit François.

LA GLU.

Eh ! ce François n'est qu'un sot, une mauvaise langue. Dame ! Un cabaretier, tu comprends !

MARIE-PIERRE.

Le fait est qu'il raconte des histoires sur tout le monde.

LA GLU.

Sans compter qu'il doit être jaloux de toi, comme tous les gas du pays. On sait que je t'aime, moi, une dame, une Parisienne. Il n'en faut pas plus pour t'en vouloir.

MARIE-PIERRE.

En effet. Je n'avais pas pensé à ça.

LA GLU.

Au reste, tu sais, entre sa parole et la mienne, tu peux choisir.

MARIE-PIERRE.

Ah ! je n'hésite pas, parbleu ! Mais.....

LA GLU.

Mais quoi ? Il y a encore quelque chose que tu ne comprends pas ?

MARIE-PIERRE.

Il y a..... Eh! bien! oui, il y a quelque chose. Pourquoi ne m'as-tu pas dit la vérité, pourquoi, le jour où tu es partie ?

LA GLU.

Mais tu ne m'aurais pas laissé partir, voyons, amoureux et fou comme tu es.

MARIE-PIERRE.

Ça, c'est vrai, après tout. Mais pourquoi ne m'as-tu pas dit tout ça, avant ? Ces intérêts, ces procès, pourquoi ne m'en avais-tu jamais parlé ?

LA GLU.

Oh! quel têtu, avec tes pourquoi! Pourquoi ci? Pourquoi ça? Pourquoi je ne t'avais jamais parlé de mes intérêts, de chiffres, de procès, je vous demande un peu. Mais parce que nous avions bien d'autres choses à nous dire, grand enfant! (Elle l'embrasse.)

MARIE-PIERRE.

Tu as raison, tout de même! Tu as toujours raison.

SCÈNE II.

LES MÊMES, MARIETTE.

MARIETTE, avec l'air effaré.

Madame.... (Les trouvant embrassés.) Ah! pardon.

LA GLU.

Qu'est-ce que tu veux, Mariette ?

MARIETTE, s'approchant d'elle, bas.

C'est monsieur le comte qui est là.

LA GLU.

Oh! tu peux le dire tout haut, va! Je n'ai pas à m'en cacher. Tu vois, Marie-Pierre, c'est le comte qui vient, sans doute pour m'apporter des nouvelles.

MARIE-PIERRE.

Eh bien! qu'on le fasse entrer.

LA GLU, *le menant peu à peu vers la porte de droite.*

Oh! cela ne serait pas convenable, mon ami. Il faut que je le reçoive seule. Il est inutile de nous afficher ensemble. On ne fait pas de ces choses-là dans un certain monde. Tu comprends, n'est-ce pas? Tu vas être bien gentil. Tu vas monter là-haut, et tu n'en descendras que lorsque je t'appellerai. Je n'en ai pas pour longtemps, d'ailleurs. Une conversation d'affaires. Cinq minutes. Un petit quart d'heure, tout au plus. Tu as confiance en moi, j'espère.....

MARIE-PIERRE.

Oui, oui, pour sûr. Sans ça, c'est donc que tu serais une criminelle.

LA GLU, *câline.*

Et je n'en suis pas une, hein?

MARIE-PIERRE.

Non, pour sûr.

LA GLU.

Et tu resteras bien là-haut tant que je ne t'appellerai pas. C'est entendu. Allons, va, va, sois bien raisonnable! Va, va, va.

(Elle le pousse dehors.

SCÈNE III.

LA GLU, MARIETTE.

LA GLU.

Fais venir le comte, maintenant. Où est il?

MARIETTE.

A tout hasard, je l'avais reçu dans le petit salon, là, à côté.

LA GLU.

Très bien, fais-le entrer. Et tu iras rejoindre Marie-Pierre, sans avoir l'air de rien.

MARIETTE.

Oui, Madame. Oh ! il est furieux, vous savez, monsieur le comte.

LA GLU.

Eh ! eh ! est-ce que ça tournerait mal. Bah ! ça m'amuse, moi, le danger.

(Mariette sort.)

SCÈNE IV.

MARIETTE, introduit le comte.

Monsieur le comte. (Elle sort.)

LA GLU.

Eh bien, cher, il paraît...

KERNAN.

Ah ! madame, n'essayez pas de vous jouer de moi encore, comme l'autre jour.

LA GLU.

Mais vous le prenez sur un ton... Vous n'allez pas me faire une scène ?

KERNAN.

Oh ! pardon, Madame ; aujourd'hui, j'en ai le droit.

SCÈNE V.

LES MÊMES, puis ADELPHE, D'AMBLEZEUILLE.

(On entend à la cantonade des voix qui discutent vivement.)

ADELPHE, dehors.

Mais laissez-moi donc faire, je vous dis.

LA GLU.

Cette voix! c'est Adelphe. (Elle va à la vérandah.)

ADELPHE, entrant, suivi de d'Amblezeuille.

Ah! mon oncle, tous mes compliments!

KERNAN.

Taisez-vous, Monsieur.

ADELPHE.

Madame! (En saluant la femme, il la reconnaît.) Comment, elle ici?

KERNAN.

Quoi! tu connais Madame?

LA GLU.

Un peu; puisqu'il voulait m'épouser.

KERNAN.

Ah! c'est vous que..... Oh! mon Dieu!

ADELPHE.

Assez! je devine; c'est un guet-apens; c'est indigne.

LA GLU.

Oh! il est plus bête que nature.

KERNAN.

Mais, madame, dites-lui donc, je vous prie...

LA GLU.

Oh! moi, je n'ai rien à dire, je me contente d'écouter.

D'AMBLEZEUILLE.

Ah! Mon Dieu! Mon Dieu!

KERNAN.

Alors, je vous demande pardon, Madame, si je me trouve obligé de prononcer des paroles.....

LA GLU.

Faites, faites, Monsieur, ne vous gênez pas. Au point où nous en sommes, tout peut se dire entre nous : c'est comme une discussion de famille.

KERNAN.

Non, Madame. C'est précisément le contraire que je désire faire comprendre à Adelphe : je tiens à lui persuader qu'il n'y a ici qu'une affaire de galanterie, rien de plus.

LA GLU.

Vous êtes dur, monsieur le comte.

KERNAN.

Dur pour moi, oui, Madame. J'ai fait une faute. Je m'en accuse. Et cela m'est pénible, devant mon neveu. Je suis un vieux fou ! Mais cela dit, Adelphe, parlons sérieusement. C'est cette femme que tu veux épouser ?

ADELPHE.

Oui.

KERNAN.

Et tu persistes dans ton idée.

ADELPHE.

Oui.

KERNAN.

Eh bien ! Madame a été ma maîtresse.

ADELPHE.

Vous mentez.

KERNAN faisant le geste de le giffler.

Polisson ! (D'Amblezeuille se jette entre eux et les sépare.)

LA GLU.

Bravo, Adelphe ! C'est crâne de m'aimer comme ça ! Viens que je t'embrasse pour la peine.

SCÈNE VI.

LES MÊMES, MARIE-PIERRE.

MARIE-PIERRE, faisant sauter la porte d'une poussée et apparaissant.

(Il a les deux mains en avant, toutes larges, avec les doigts écarquillés, les yeux hagards, la chevelure en désordre, la poitrine débraillée. Un grand silence se fait tandis qu'il considère tout le monde qui a reculé avec un « ah ! » Il a l'air d'un fauve ; soudain il s'avance vers Adelphe.)

C'est donc toi qu'elle veut embrasser ?

ADELPHE, se réfugiant derrière un meuble.

Qu'est-ce qu'il veut, celui-là ?

LA GLU.

Marie-Pierre !

MARIE-PIERRE.

Ah ! ne parle pas, toi ! Je t'ai entendue assez, tout à l'heure. J'étais là, derrière la porte. Je ne comprenais pas ; je n'osais pas comprendre. Je me doutais, tout de même, rien qu'à la façon dont Mariette m'a empêché de sortir, quand le bruit des voix est monté là-haut. Ah ! Elle voulait me garder, me retenir. Tu lui avais commandé ça, hein ? Mais je l'aurais tuée plutôt. Je l'ai enfermée. Je suis descendu. Et j'écoutais. Et j'ai entendu, tout, tout. Ah ! Je ne pouvais pas y croire, d'abord. Il me semblait rêver.

LA GLU.

Marie-Pierre, laisse-moi te dire....

MARIE-PIERRE.

Tais-toi ! Ne dis rien. Tu mentirais encore ! Et quand je pense que pour elle !... Quand je pense que j'ai menti aussi, moi, lâchement, (Montrant la Glu.) comme elle. (Se retournant vers Adelphe, et bondissant vers lui.) Alors, c'est toi qui la veux pour femme ? (Adelphe a un geste d'effroi.)

D'AMBLEZEUILLE.

Voyons, mon ami, raisonnons, causons ! pas de violence !

MARIE-PIERRE.

N'y a pas de violence. Je demande, voilà tout, je demande. Et il faut qu'on me dise. Est-ce lui, allons, est-ce lui, ou le vieux ? Parce que c'est quelqu'un. Parce qu'il faut que je sache. Parce que, celui qui la réclame, je le tue avec elle ! Ah ! n'y a pas de violence ; mais je les tue.

(Tout le monde s'est écarté. Marie-Pierre est seul au milieu de la scène. Le comte, en reculant, est arrivé près de la boite à revolvers. Brusquement il en prend un, et le braque sur le gas.)

KERNAN.

Ne bouge pas, ou je fais feu ! Personne ici ne te dispute cette femme. Mais je te défends de la menacer. (A la Glu, qui se réfugie derrière lui.) Ne craignez rien, madame. (A Marie-Pierre qui fait un pas.) Pas un geste, ou tu es mort.

MARIE-PIERRE.

Lâche ! lâche !

ADELPHE, de l'autre côté de la scène.

Tire donc ! c'est une bête furieuse ! Tire !

MARIE-PIERRE, courant sur lui.

Lâche ! Tu n'as plus peur maintenant.

LA GLU.

Mais tirez donc !

MARIE-PIERRE.

Ah ! garce ! v'là que tu veux me faire tuer, à c'te heure ! C'est donc vrai que tu as couché avec tous ?

KERNAN.

Tais-toi ! Assez ! Va-t'en ! (Il marche vers lui, le revolver braqué.)

MARIE-PIERRE, reculant jusqu'à la porte.

Oui, oui, je m'en vas, oui. Ah ! Si je pouvais ! Mais je vous rattraperai, allez, lâches, lâches, tas de lâches !

(Il est arrivé à reculons jusqu'à la porte et va sortir. A ce moment, on entend des cris au dehors.)

MARIE-PIERRE, regardant dans le corridor.

Ah! des amis! A moi! A moi!

SCÈNE VII.

LES MÊMES, CÉZAMBRE, GILLIOURY.

CÉZAMBRE, se précipitant en scène, suivi de Gillioury.

Qu'y a-t-il ? (Il aperçoit la Glu.) Ma femme ! (Un grand silence.)

LA GLU.

Oui, messieurs, je m'appelle madame Fernande Cézambre, et je suis la femme lé-gi-ti-me de cet homme. Et puis après?

MARIE-PIERRE.

Ah! sa femme ! (Il se rue dans le corridor, la tête en avant, et on l'y entend donner des coups sourds contre les murs et pousser de grands cris.)

TOUS.

Qu'est-ce que c'est?

GILLIOURY, qui a regardé.

C'est le gas qui se casse la tête contre les murs. (Il sort.)

CÉZAMBRE, regardant aussi, en bouchant la porte de ses bras.

Ah ! le malheureux ! (A la Glu qui s'approche.) Oh ! toi, ne bouge pas.

GILLIOURY, revenant en scène avec le gas évanoui et la face sanglante.

Ah ! le pauv'gas ! (Il le pose sur la chaise longue.) Il ne s'est pas tué, n'est-ce pas, m'sieu Cézambre ?

CÉZAMBRE, le palpant.

Non, non, il n'est qu'évanoui. Emportez-le dans ma voiture, ramenez-le chez sa mère. Allez, allez. (D'Amblezeuille, Gillioury et Adelphe sortent en l'emportant.)

KERNAN.

Mon cher Cézambre....

CÉZAMBRE.

Si vous avez quelque chose à me dire, pas dans ce moment, monsieur le comte ; allez, allez.

KERNAN.

Mais cette femme.....

CÉZAMBRE.

Cette femme est la mienne, monsieur.

LA GLU.

Oh! vous pouvez me laisser seule, monsieur le comte; je n'ai pas peur. (Elle s'assied, calme et impertinente.)

SCÈNE VIII.

CÉZAMBRE. LA GLU.

CÉZAMBRE, après avoir fermé la porte.

A nous deux maintenant ! (Il se promène à grands pas, sans rien dire.)

LA GLU.

Si tu parles tant que ça, tu sais, ça ne sera pas fini de si tôt.

CÉZAMBRE.

Je n'ai pas envie, non plus, de traîner les choses en longueur, soyez tranquille !

LA GLU.

Tu me dis vous. C'est pour être solennel. Peuh!

CÉZAMBRE.

Va, va, sois insolente, si tu veux. Je serai patient.

LA GLU.

Parbleu! la patience est ta vertu dominante, tu me l'as prouvé assez jadis.

CÉZAMBRE.

Ah! misérable! c'est donc toi qui me reproches de t'avoir épargnée.

LA GLU.

Je ne te le reproche pas ; je le constate, voilà tout, et j'en profite. Et puis, quoi, voyons, qu'est-ce que tu veux? Il faut que je te rende des comptes, maintenant, après dix ans?.... Il te faut ma confession tout entière, peut-être? ah! ah!

CÉZAMBRE.

Non, non, garde-la pour ta conscience, si tu en as une. Pour moi, ces aveux n'auraient aucun intérêt ; ce serait la confession d'une étrangère. Pour moi tu n'existes plus; tu n'as plus de nom.

LA GLU.

Cependant, si cela me plaisait, à moi, de te raconter ma vie depuis dix ans. Tu es mon mari, après tout. A qui en parlerais-je, sinon à toi? Elle est curieuse, va, si tu savais. Ah! avant d'être la femme à la mode que je suis aujourd'hui, j'ai passé de drôles de moments : des hauts, des bas!

CÉZAMBRE.

Des bas, surtout!

LA GLU.

Mais non, mais non ; les hauts sont en majorité, mon cher! Et même, sans notre mariage, que je traîne comme un boulet...

CÉZAMBRE.

Dans la boue !

LA GLU.

Dans la boue, soit! mais que je traîne et qui m'ôte ma liberté. Oui, sans cela, sans toi, enfin..... Ah ! j'en ai déjà trouvé des occasions ; Adelphe n'est pas la première.

CÉZAMBRE.

Adelphe ?.... Ah ! c'est donc toi, cette femme qu'il voulait épouser, cette..... Bref, celle qu'on appelle : la Glu ?

LA GLU.

Moi-même. Tu vois que si je n'ai plus de nom pour toi, j'en ai un fameux pour les autres, hein ! C'est une consolation.

CÉZAMBRE.

Va, va, continue à être insolente : je ne cesserai pas d'être patient. Tu crois m'irriter par tes confidences honteuses ; ne l'espère pas. Adelphe, Kernan, le gas, après tant d'autres !.... pouah !.... Je te le répète, tu ne m'es plus rien. Si tu voyais, comme je le vois en ce moment, l'océan de glace qu'il y a désormais entre nous deux, tu n'essaierais pas de le fondre.

LA GLU.

Allons ! toujours beau parleur, toujours des phrases.... Tu n'as pas changé.

CÉZAMBRE.

Si, j'ai changé. Je t'aimais autrefois ; je ne t'aime plus aujourd'hui. Je ne te hais même pas. Je t'ignore. Je veux que tu sois pour moi comme si tu étais morte.

LA GLU.

Eh bien ! alors, il fallait me tuer, mon cher. Et puisque tu n'en as pas eu le courage, et puisque je vis, et puisque je suis là, en face de toi, il faut m'écouter. Et ce n'est pas vrai que je te sois une étrangère, ce n'est pas vrai ! Et la preuve, c'est qu'il y a des choses que je n'ai jamais pu dire à personne, et que je te dirai à toi, et que tu entendras. Car c'est ta faute, si j'en suis venue où tu me retrouves.

CÉZAMBRE.

Ma faute ?

LA GLU.

Mais oui, ta faute. Ah ! vous n'admettez pas cela, vous autres hommes. C'est toujours nous que vous rendez responsables. Un homme a quarante ans ; il a vécu, il s'est amusé ; il est las ; il prend dans une famille une petite fille qui ne sait rien, mais qui est curieuse de tout. Elle est jeune, elle ! Elle veut goûter à la vie aussi ; pourquoi pas ? Et vous croyez que votre amour tranquille lui suffit ? Et quand la petite fille est devenue une femme qui a sa volonté, ses goûts, son tempérament, ses passions, vous vous étonnez ! Et si elle commet des fautes, si vous n'avez pas la poigne qu'il faut pour la tenir en bride, si elle s'échappe, si elle fait des folies, vous la condamnez, sans même savoir si elle n'a pas lutté, si elle n'a pas souffert ! Allons donc ! C'est trop commode à la fin !

CÉZAMBRE.

Ainsi, c'est moi qui suis le coupable ! Ainsi, c'est toi qui as lutté, qui as souffert, toi !

LA GLU.

Oui, moi ! Et qui te dit que je ne souffre pas encore ? qui te dit que je n'en ai pas assez d'une existence pareille ! Ah ! est-ce du remords, de l'écœurement, de la lassitude ? Je n'en sais rien moi-même. Mais ce qu'il y a de sûr, c'est que je ne suis pas heureuse, c'est que je ne l'ai jamais été... Parbleu ! Je ne suis pas un monstre, après tout ! J'ai ressenti, comme toutes les femmes, l'âpre besoin non-seulement d'être aimée, mais surtout d'aimer ; et c'est toi, toi, qui as été cause de ma première déception ; et si j'ai cherché ailleurs, n'importe où, au hasard, de quoi calmer ma soif, c'est que tu n'a pas su la satisfaire, voilà tout !

CÉZAMBRE.

Certes, je n'étais pas le jeune homme que tu avais rêvé probablement dans tes songeries romanesques de petite fille. Mais je n'étais pas un de ces égoïstes qui ne demandent au mariage que de rafraîchir leurs lèvres brûlées par la vie. Non, j'étais un homme à l'écorce rude sans doute, à l'esprit grave, trop grave, peut-être ; mais un homme à l'âme jeune et ardente. Je n'étais pas un de ceux qui ont usé leur printemps dans les plaisirs. Au milieu de durs labeurs, de périls incessants, j'avais gardé, moi, toute la fraîcheur et tout l'enthousiasme de la vingtième année. Et tu le sais bien, tu le sais, avec quelle naïve tendresse je t'adorais. Et ce n'est pas vrai, cette histoire que vous inventez pour vous excuser, toi et tes semblables, cette histoire d'une désillusion qui conduit à la faute. Non; vous aimez la faute pour elle-même. Ce n'est pas de la vie que vous êtes curieuses, c'est du vice.

LA GLU.

Eh! non; mais de la passion ! Quoi ! je t'ai vu me pardonner, te traîner à mes genoux, pleurer comme un enfant! Ah ! ce n'est pas ainsi qu'il fallait m'aimer. Tiens ! vois-tu, quand on aime, on fait comme le gas; on est fou, on est féroce, on veut tuer, on se tue..., on essaie au moins. Là, tout à l'heure, pour la première fois de ma vie, j'ai senti devant un homme un frisson d'épouvante. Ah ! c'est que l'amour, l'amour tel que je le conçois, n'est pas fait seulement de soupirs et de tendresse; il ne suffit pas d'y avoir les yeux brûlés de pleurs; on doit en sortir comme d'une bataille avec les mains rouges de sang..... Ah ! puis, tiens, non, assez ! tu me fais faire des phrases, comme toi! Parlons raison, veux-tu ?.... en gens sérieux, en gens pratiques.

CÉZAMBRE.

Que veux-tu dire?

LA GLU.

J'ai une proposition à te faire.

CÉZAMBRE.

Laquelle ?

LA GLU.

Cela va te sembler monstrueux, mais tant pis ! Allons au fait. Oui, je suis lasse de la vie que je mène. Or je suis ta femme, n'est-ce pas ? légalement. Eh bien! Pourquoi ne pas l'être réellement ? Oh ! j'ai toute ma raison. Soit ! oui, je suis poussée à bout... Mais je ne veux pas être domptée, entends-tu. Ils sont là-bas, tous, qui t'attendent. Ils me croient vaincue, humiliée. Et tu vas retourner leur annoncer ton triomphe, n'est-ce pas? Eh bien ! non ! Ils nous verront revenir ensemble. Et ils me salueront, mon cher ! Je suis madame Cézambre. Allons, viens, donne-moi ton bras.

CÉZAMBRE, la repoussant avec dégoût.

Tu es folle ? ou tu me crois donc bien lâche ?

LA GLU.

Oh ! oui, je te crois lâche. N'es-tu pas celui qui s'est sauvé devant moi, jadis, comme un pleutre?

CÉZAMBRE.

Ah ! c'est qu'alors il ne s'agissait que de moi. Mais aujourd'hui, je ne suis plus seul en cause. Aujourd'hui, tu apportes le déhonneur et la ruine chez mon meilleur ami ; aujourd'hui tu réduis au désespoir une famille de braves gens, une honnête fille, une pauvre mère; et si je te laissais faire aujourd'hui, je serais le complice de tes crimes. Ah! prends garde, cette fois ! prends bien garde ! Écoute ! voici mon dernier mot. Tu partiras ce soir ! je le veux; entends-tu, je le veux... C'est compris, n'est-ce pas ? Adieu ! (Il sort.)

SCÈNE IX.

LA GLU seule.

(Après la sortie de Cézambre elle demeure un moment atterrée sur la chaise longue. Puis elle se retourne vers la porte avec un geste de menace. Des sanglots lui viennent à la gorge. Elle semble prête à avoir une attaque de nerfs. Soudain, un sourire mauvais et ironique revient sur ses lèvres. Elle hausse les épaules.)

LA GLU.

Cocu, va !

Rideau.

ACTE V

Chez Marie-des-Anges. Chambre bretonne à colonnes et solives de chêne.

Au fond : fenêtre, porte de milieu donnant sur la rue. A gauche : armoire ; escalier intérieur, qui s'arrête à six marches du sol, sur une petite plate-forme, puis monte de là jusqu'au mur du fond, où il s'allonge en galerie, allant à la droite. A droite, en bas, l'âtre allumé, avec une marmite sur le feu. Devant l'âtre, table de cuisine, escabeaux. Au pied de l'escalier, grand fauteuil. A l'intérieur de la fenêtre, cage en osier, avec un merle.

SCÈNE I.

MARIE-DES-ANGES, MARIE-PIERRE, NAIK, GILLIOURY.

Au lever du rideau, Marie-Pierre est endormi dans le grand fauteuil. Il a des linges sanglants autour de la figure. Devant lui, de côté, Naïk le contemple. Gillioury est devant la porte ouverte, en train de fendre du bois avec le merlin. Marie-des-Anges, debout près de la table de cuisine, y tronçonne un congre dont elle met les morceaux dans la marmite.

GILLIOURY, rentrant avec le bois et le merlin.

Là, voilà votre bois. Le feu va marcher rondement. (Il met du bois au feu, puis va porter le merlin sur une planche à outils qui surplombe la plate-forme de l'escalier.)

MARIE-DES-ANGES.

Ma foi ! je mets encore ce morceau-là, hein, Gillioury ? Plus il y en aura, plus la soupe sera épaisse.

GILLIOURY.

Ah ! ça va en faire une fameuse. Elle sent déjà bon.

MARIE-DES-ANGES.

C'est celle qu'il aime le mieux, le pau'petit. N'est-ce pas, mon gas ?

NAÏK.

Chut ! Il dort.

MARIE-DES-ANGES.

C'est vrai ? (Elle quitte son ouvrage et va le considérer.)

GILLIOURY.

Ah ! ben, tant mieux, par exemple !

MARIE-DES-ANGES, devant Marie-Pierre.

Il aurait été plus à l'aise dans son lit.

NAÏK.

Ça ne fait rien, l'ancienne. Comme il faudra le réveiller tout à l'heure, quand monsieur le docteur reviendra, il vaut encore mieux qu'il dorme ici. Il se couchera après la visite. Il se repose toujours un peu, en attendant.

MARIE-DES-ANGES.

Tu as raison, ma fille.

(A ce moment, Gillioury, qui goûte la soupe, laisse tomber la cuiller à pot. On lui fait chut chut.)

GILLIOURY.

Je m'ai brûlé.

MARIE-DES-ANGES.

Chut ! ne faisons pas de bruit. (Elle retourne silencieusement à sa place. Voyant Naïk qui court à la fenêtre sur la pointe des pieds.) Où vas-tu ?

NAÏK, ôtant son tablier, en couvre la cage.

C'est pour empêcher Nicolas de chanter. (Montrant Marie-Pierre.) Ça le réveillerait peut-être.

GILLIOURY.

Ah ! le brave Nicolas ! C'est qu'il est content aussi, lui, de voir son petit maître revenu.

MARIE-DES-ANGES.

C'est tout de même vrai, ça ! (A Naïk.) Porte-la plutôt dehors va, la pauvre bête. Il ne faut pas l'empêcher de chanter, Un jour pareil.

NAIK, prenant la cage et l'emportant.

En effet, l'ancienne. (Elle sort.)

SCÈNE II.

LES MÊMES, moins NAIK.

MARIE-DES-ANGES.

Elle l'aime bien, mon gas, sais-tu, Gillioury.

GILLIOURY.

Dame, oui! Il y a longtemps que je m'en suis aperçu, moi.

MARIE-DES-ANGES.

Moi aussi. Et je souffrais autant pour elle que pour moi, de le voir s'acoquiner là-bas. Ah! pourvu que ce soit fini, bien fini? J'ai toujours peur, maintenant.

GILLIOURY.

Bah! A c't'heure, il sait que c'est la femme de monsieur Cézambre. Ça change rudement les choses. Et puis, il sait tout le reste aussi. Et ça l'a un peu démâté, je vous le jure. Si vous l'aviez entendu, en revenant, comme il caronadait contre elle! Ah! il lui en veut, allez!

MARIE-DES-ANGES.

Justement. Il lui en veut trop. Preuve qu'il y pense toujours peut-être. Tu n'as pas remarqué, depuis qu'il est ici, comme il est dans des idées noires. Il ne dit rien. Il est absorbé. Il rumine en lui-même. Il n'a seulement pas pleuré encore!

GILLIOURY.

Ça, la mère, vous avez tort de vous en inquiéter. Il est comme assommé par les coups qu'il s'est donnés à la tête. Il en a le cerveau lourd, abruti, voilà tout. Mais patience ! ça ne durera pas.

MARIE-DES-ANGES.

Que le bon Dieu t'entende, Gillioury, et mes patrons les saints Anges ! Mais je ne suis pas tranquille. Et puis, ces grandes secousses dans le cerveau, ça ne me dit rien de bon non plus. S'il allait rester comme ça, la tête perdue, comme un simple ! Ah ! mon pau'petit gas, il est bien malade, va !

GILLIOURY.

Voyons, voyons, l'ancienne, il ne faut pas regarder tout en noir. Puisque m'sieu le major a dit que ça ne serait rien, avec du temps, des soins ! Occupez-vous donc de la soupe, tenez ! v'là qu'elle bout. Bah ! quand il en aura une bonne écuelle dans l'estomac, ça ira déjà mieux, allez.

MARIE-DES-ANGES.

Enfin ! (Elle remue la soupe dans la marmite.) Ah ! donne-moi les herbes qui sont sur le bahut.

GILLIOURY.

Où ça, les herbes ?

MARIE-DES-ANGES.

Sur la planchette, dans le coin.

GILLIOURY.

Ah ! oui, voilà. Quelle soupe, bon Dieu, ! quelle soupe !

MARIE-DES-ANGES.

Pourvu qu'il ait faim, seulement ! Pourvu qu'il veuille manger ! Mais qu'est-ce que fait Naïk, donc ?

GILLIOURY.

C'est quelque voisine qui lui aura demandé des nouvelles.

SCÈNE III.

LES MÊMES, NAIK.

NAÏK, entrant.

Vous ne deviez plus savoir où j'étais, n'est-ce pas ?

MARIE-DES-ANGES.

En effet. Tu as causé avec quelqu'un ?

NAÏK.

Oui, avec ces messieurs Kernan. Ils sont toujours en face, chez François ; ils attendent monsieur Cézambre. Il paraît qu'ils doivent retourner tous ensemble à Guérande, dans sa voiture, sitôt qu'il sera revenu de chez son autre malade, et qu'il aura revu Marie-Pierre. (On frappe.) Tiens ! on frappe. Cela doit être lui. (Elle court ouvrir.)

SCÈNE IV.

LES MÊMES, CÉZAMBRE.

CÉZAMBRE.

Eh bien ! comment va-t-il depuis tantôt ?

NAÏK.

Il repose, monsieur le docteur.

MARIE-DES-ANGES.

Oui, il vient de s'assoupir, il y a dix minutes.

CÉZAMBRE, allant à Marie-Pierre et le regardant.

Voyons ! Eh ! la mine n'est pas mauvaise. Mais il vaudrait mieux le coucher.

GILLIOURY.

Et le faire manger, n'est-ce pas, avant ?

CÉZAMBRE.

Non. Ce soir seulement, quand il aura dormi trois ou quatre heures. Allons, réveillez-le, la mère, pour aller le coucher.

MARIE-DES-ANGES.

Réveille-le plutôt, toi, Naïk.

NAÏK, très doucement, le touchant.

Marie-Pierre ! Marie-Pierre !

MARIE-PIERRE.

Quoi ! quoi ! Ah ! je dormais !

MARIE-DES-ANGES.

Oui, et il faut aller te coucher dans ton lit, mon gas. C'est monsieur le docteur qui l'a dit.

MARIE-PIERRE, se dressant, comme effaré.

Il est ici ? (Le voyant.) Ah ! pardon, monsieur Cézambre, pardon ! Oui, vous êtes déjà venu tantôt. Vous voulez donc bien me guérir, me soigner ?

CÉZAMBRE.

Mais certainement, mon garçon. Allons, rassieds-toi, que je regarde un peu tes blessures. Donne-moi ta main. (Il lui tâte le pouls.) C'est bon ! il n'y a presque plus de fièvre. Voyons la tête ! (Il examine les plaies.) Pas de fractures ; des plaies seulement, des bosses sanguines ; c'est bien ce que j'avais pensé tout d'abord.

GILLIOURY à Marie-des-Anges.

Là, quand je vous le disais !

MARIE-DES-ANGES.

Oh ! que vous êtes bon, monsieur Cézambre !

NAÏK, pleurant un peu.

Oh ! oui, ça !

CÉZAMBRE.

Mais ce n'est pas moi qui suis bon, mes amis. C'est lui qui a un bon crâne, voilà tout. Ah! tu peux te vanter d'avoir la tête dure, mon garçon! Ça ne fait rien, tu dois éprouver une douleur sourde là-dedans?

MARIE-PIERRE.

Oui, monsieur Cézambre. J'ai là comme du plomb, et ça fait broum, broum, comme le bruit du ressac.

MARIE-DES-ANGES, l'embrassant.

Pau' petit!

NAÏK.

Oh! mais nous te soignerons bien, va!

GILLIOURY.

C'est à vous donner envie d'être malade, hein?

MARIE-PIERRE.

Ah! mais qui est-ce qui a donc prié le bon Dieu en ma faveur, pour qu'on m'aime tant que ça? Après tout ce que j'ai fait! après tout ce que j'ai fait! (Il éclate en sanglots.)

CÉZAMBRE.

Calme-toi, mon ami, voyons!

MARIE-DES-ANGES.

Ah! laissez-le pleurer, monsieur Cézambre! C'est encore ce qui lui fera le plus de bien.

MARIE-PIERRE.

Quand je pense que c'est vous, monsieur Cézambre, vous qui êtes là en train de me soigner! Ah! pardon! pardon!

CÉZAMBRE.

Ne songe pas à tout ça, mon garçon, n'y songe pas. Et puis, moi, vois-tu, je suis d'abord médecin, avant tout. Tu es malade. Eh bien! je te soigne. Un beau mérite!

GILLIOURY.

Dame ! c'est comme qui dirait : tu m'as fait du mal ; tu te néyes ; je sais nager ; je te sauve. Nous sommes tous comme ça, dans la marine.

MARIE-DES-ANGES et NAÏK.

Oh ! merci, monsieur le docteur, merci !

MARIE-PIERRE.

Mais vous, combien plus de mal je vous ai fait encore ! Car je le savais, et je le faisais quand même ! Toi, ma petite Naïk, tu es là aussi douce auprès de moi, et tu ne m'en veux pas ! Ah ! je vois bien dans tes bons yeux que tu ne m'en veux pas.

NAÏK.

Bien sûr, mon fin Marie-Pierre, bien sûr !

GILLIOURY.

Est-ce qu'on en veut à un fou, qui avait perdu le nord ? Ce n'est pas de sa faute. Le vent soufflait en tempête, quoi !

CÉZAMBRE.

Voilà la vérité, Gillioury, la vérité vraie.

MARIE-PIERRE.

Mais mon ancienne, mais vous, ma mère ! Ah ! je n'ose plus vous regarder seulement. Non, vous ne pouvez pas avoir oublié.... Non, ce que j'ai fait est trop mal, trop mal.... Comment pouvez-vous m'aimer encore, ma mère, ma pauvre mère ?

MARIE-DES-ANGES.

Eh ! justement, mon gas, c'est que je suis ta mère. Tiens, si je savais chanter, moi, comme Gillioury, je te fredonnerais une chanson de mon vieux temps, qui t'expliquerait bien des choses. C'est ma mère, à moi, qui me l'a apprise, un soir que je lui faisais de la peine. Car tout le monde, vois-tu bien, a quelque chose à se reprocher contre sa mère. Et les mères le savent bien, et elles vous aiment tout de même. Les mères, c'est fait pour ça. Écoute plutôt, mon gas! Ecoutez aussi, vous autres. Les vieux comme les jeunes doivent y trouver leur profit. Et je vas vous dire ça comme je pourrai, avec la voix que le bon Dieu m'a faite. Ecoutez bien.

(Elle dit, très simplement.)

Y avait un'fois un pauv'gas,
Et lon lan laire,
Et lon lan la,
Y avait un'fois un pauv'gas
Qu'aimait cell' qui n' l'aimait pas.

Ell' lui dit: Apport' moi d'main.
Et lon lan laire,
Et lon lan la,
Ell' lui dit: Apport' moi d'main.
L' cœur de ta mèr' pour mon chien.

Va chez sa mère et la tue,
Et lon lan laire,
Et lon lan la,
Va chez sa mère et la tue,
Lui prit l' cœur et s'en courut.

Comme il courait, il tomba,
Et lon lan laire
Et lon lan la,
Comme il courait, il tomba,
Et par terre l' cœur roula.

Et pendant que l' cœur roulait.
Et lon lan laire,
Et lon lan la,
Et pendant que l' cœur roulait.
Entendit l' cœur qui parlait.

Et l' cœur lui dit en pleurant,
Et lon lan laire.
Et lon lan la.
Et l' cœur lui dit en pleurant:
T'es-tu fait mal, mon enfant?

MARIE-PIERRE, se jetant dans ses bras.

Ma mère, ma mère !

MARIE-DES-ANGES, l'embrassant.

Mon gas, mon pau' petit gas !

CÉZAMBRE.

Allons, allons, la mère, ces émotions le brisent.

MARIE-DES-ANGES.

Oh ! non, monsieur Cézambre, non, je vous le dis ! C'est son mal qui s'en va avec ses larmes !

CÉZAMBRE.

Oui, oui, vous avez sans doute raison, l'ancienne ! Il n'y a pas, pour un enfant malade, de médecin qui vaille une mère. Mais, croyez-moi, maintenant, faites le coucher, et qu'il dorme. C'est nécessaire.

MARIE-DES-ANGES.

Allons, va, mon gas, va ! Obéis à monsieur le docteur. Viens ! (Elle l'entraîne vers l'escalier du fond.)

NAÏK.

Laissez-moi le soigner aussi, ma mère, je vous en prie. J'ai été arranger la couchette tout à l'heure, là-haut, dans la chambre du fond, la plus loin. Il sera bien, allez ! Il n'entendra rien. Laissez-moi faire. A nous deux, Gillioury, nous saurons, je vous promets, nous saurons.

GILLIOURY.

Et nous resterons à le veiller pendant qu'il dormira. Je lui gazouillerai quelque chose, moi, pour le bercer. Allons, viens, du gas. (Gillioury, et Naïk l'aident à monter l'escalier.)

MARIE-DES-ANGES, les suivant.

Là, là, doucement. Ne lui secouez pas trop sa pauvre tête. Là, comme ça, bien ! (Se retournant.) Je suis à vous tout de suite, monsieur Cézambre. Le temps de lui border la couverture et de l'endormir.

CÉZAMBRE.

Faites, faites, la mère; je vais vous écrire l'ordonnance en attendant. (Il s'assied, tire son portefeuille avec un crayon, et se met à griffonner.)

MARIE-DES-ANGES.

Là, là, doucement, mon fils. Tu souperas bien ce soir.

MARIE-PIERRE, au seuil de la porte en haut de l'escalier.

Ah ! comme vous êtes bons, tous ! comme vous m'aimez pour de vrai !

(Il sort, avec Naïk et Gillioury.)

MARIE-DES-ANGES, du haut de la galerie.

Je commence à être plus tranquille, tout de même, allez, monsieur Cézambre. Je crois qu'il nous est bien revenu, maintenant.

CÉZAMBRE.

Mais oui, la mère, mais oui.

MARIE-DES-ANGES.

Et il n'était que temps, voyez-vous ; parce que..... Enfin, je n'avais jamais eu si peur pour lui, depuis le jour du chien enragé.

CÉZAMBRE.

Oh ! mais maintenant, la mère, je pense que c'est fini, allez. Elle doit être partie, nous en voilà débarrassés. On ne la reverra plus.

MARIE-DES-ANGES.

Tant mieux !

NAÏK, à la cantonade.

L'ancienne !

MARIE-DES-ANGES.

Voilà, Naïk, voilà ! je viens..... (Elle sort par la petite porte.)

SCÈNE V.

CÉZAMBRE, seul, puis LA GLU.

CÉZAMBRE, seul, écrivant.

Voyons, nous disons..... potion éthérée..... (Il écrit.) potion éthérée. Maintenant il faut que Gillioury.. . (Il monte l'escalier.)

(Soudain la porte s'ouvre. Au bruit, Cézambre relève la tête, et il aperçoit la Glu.)

CÉZAMBRE.

Toi ! Encore toi ! Ici ? Que viens-tu faire ? (Il redescend précipitamment.)

LA GLU.

Ah ! je n'en sais rien. Ou plutôt, si, tiens, je le sais, et je vais te le dire. Tu peux t'en aller, si tu veux ; je ne viens pas pour toi.

CÉZAMBRE.

Pour qui donc ?

LA GLU.

Eh ! que t'importe ? Ne m'as-tu pas traitée en étrangère, tout à l'heure ? Ne m'as-tu pas dit que tout ce que je pouvais faire ne t'intéressait pas ? Ne m'as-tu pas repoussée, enfin, quand je te demandais de revenir avec toi ?..... Ah ! qui sait ? par repentir peut-être, pour m'arracher de la boue. Eh bien ! soit, tu m'y as laissé retomber, tu veux que je m'y noie. Je ne te suis plus rien. Tu ne me connais pas. Pourquoi je viens ici ? Qu'est-ce que ça te fait ?

CÉZAMBRE.

Mais je t'ai dit de partir et que c'était ma volonté formelle.

LA GLU.

Ah! ta volonté! J'ai la mienne aussi. Pourquoi je viens ici
C'est pour le gas : car je l'aime, je l'aime, je l'aime!

CÉZAMBRE.

Quoi! c'est pour le gas.....

LA GLU.

Oui, c'est pour lui. Je veux le voir, je le veux.

SCÈNE VI.

CÉZAMBRE, LA GLU, MARIE-DES-ANGES.

MARIE-DES-ANGES, paraissant soudain en haut de la galerie.

C'est mon gas, que tu veux?

LA GLU.

Oui. Je veux le voir. Je veux lui parler.

MARIE-DES-ANGES, dégringolant l'escalier, et s'arrêtant à la petite plate-forme, les bras croisés.

Viens-y donc!

CÉZAMBRE, la Glu

Allons, va-t'en, va-t'en!

MARIE-DES-ANGES.

Ah! laissez faire, monsieur Cézambre ; je saurai bien la mettre dehors, moi! Allons, la femme, sortez! (Retroussant ses manches.) Et dépêchez-vous! Parce que je suis chez moi, vous savez, chez moi.

LA GLU.

Mais je vous dis que je veux le voir. Je vous dis que je l'aime.

MARIE-DES-ANGES, levant les poings.

Oh! gueuse!

LA GLU.

Ah! pas de menaces, n'est-ce pas! ou je l'appelle pour qu'il vienne me défendre.

MARIE-DES-ANGES.

Mon gas! te défendre!

LA GLU.

Ce ne serait pas la première fois qu'il vous renierait pour moi.

CÉZAMBRE, l'arrachant de l'escalier.

Mais va-t'en donc, coquine, va-t'en donc!

LA GLU, arcboutée à la table de l'âtre.

Mais touche-moi donc, lâche. Qui est-ce qui te parle? Est-qu'il s'agit de toi? (Se tournant vers Marie-des-Anges.) C'est lui que je veux, lui. Oui, il me défendrait. Oui, il m'obéirait encore. Je n'aurais qu'un mot à dire.

MARIE-DES-ANGES.

Tu crois?

LA GLU.

Et si vous n'en avez pas peur, pourquoi donc veillez-vous sur lui, comme une chienne à l'attache?

MARIE-DES-ANGES

C'est pour le garder des mauvaises bêtes. Il est à moi, mon gas, et je te défie bien de me le prendre.

LA GLU.

Je le prendrai si je veux. Et je le veux, entends-tu. (Elle

s'avance vers Marie-des-Anges, et escalade les premières marches de l'escalier

Je le veux, je le veux.

CÉZAMBRE, courant à la table et prenant un couteau.

Ah! c'est trop de crime à la fin.

MARIE-DES-ANGES.

Ne bougez pas, monsieur Cézambre, ne bougez pas. Laissez-moi faire. Je n'ai besoin de personne pour défendre mon gas.

LA GLU, montant toujours.

Ah! J'irai, j'irai.

MARIE-DES-ANGES.

Harné! non, tu n'iras pas, putain!

(Elle empoigne le merlin et assomme la Glu d'un coup.)

LA GLU, roulant jusqu'au bas de l'escalier où elle meurt.

Ah!

CÉZAMBRE, accourant.

Malheureuse! (Il se penche vers le cadavre.) Qu'avez-vous fait? Vous l'avez tuée!

MARIE-DES-ANGES.

Grand Dieu! c'est vrai... Mais alors, mon fils le saura... Et puis, on va m'arrêter... Ah! grand Dieu! (Elle laisse de là haut tomber le merlin par terre.

CÉZAMBRE.

Mais oui, on va l'arrêter, la juger. Oh! ce n'est possible.

MARIE-DES-ANGES.

Quoi donc?

CÉZAMBRE.

Silence, la mère, personne ne vous a vue; personne ne sait rien! (Il court à la porte qu'il ouvre à deux battants, et s'écrie d'une voix tonnante :) Venez tous, venez! (En rentrant, il ramasse le merlin et se campe devant le cadavre.)

SCÈNE VII.

LES MÊMES, KERNAN, ADELPHE, D'AMBLEZEUILLE, FRANÇOIS, MADELON, LA FOULE, GILLIOURY.

(Au cri du docteur, Kernan, Adelphe, etc., arrivent par la porte de la rue. En même temps Gillioury arrive par la porte en haut de l'escalier et contemple le tableau du haut de la galerie.)

KERNAN, ADELPHE, etc... Voix dans la foule.

Morte ! morte !

CÉZAMBRE, jetant le merlin aux pieds du cadavre.

C'était ma femme. C'est moi qui l'ai tuée.

GILLIOURY.

Eh bien! m'sieu le major, on n'a jamais guéri tant de monde à la fois.

FIN.

Paris. — Imp. FOLMER et Cie, 3, rue de Madame ; succursale à Poitiers. — 3930.

www.ingramcontent.com/pod-product-compliance
Ingram Content Group UK Ltd.
Pitfield, Milton Keynes, MK11 3LW, UK
UKHW031903260826
14628UKWH00002B/969

9 782329 343211